辞めない　揉めない　理念が根づく

「クリニック人材育成」の教科書

としな歯科医院 院長
年名 淳 著

セルバ出版

はじめに

本書を手にとっていただき、ありがとうございます。

本書は、「男性経営者ひとり・女性部下が複数」の職場においていい雰囲気や関係性をつくり、スモールビジネスを回していくための本です。

わたしが携わる歯科医業界では、数を追わなければいけない、最新の技術や知識を取り入れなければいけないと煽られて、集客や新しい技術などの習得を優先しがちな事業主（リーダー）が多く見られます。

同じことは、ほかの業種業態でも起きているのではないでしょうか。

でも、いくらマーケティングなどに取り組んでも、組織の内側がきちんと固まっていなければ、じつはまったく意味がありません。

真っ先に解決しなければならないのは、チームの不安定感です。つまり、募集をかけてもなかなか応募者が集まらず、採用してもすぐ辞めてしまう状態では、採用や育成のコストを浪費してしまうだけです。

そもそも人が集まらないのは事業所の立地が悪いからではなく、自身のあり方にフォーカスできていないリーダーに問題があるのです。不安定感が解消できればいい人材が集まり、安定します。そうすると、すべての問題が解決するでしょう。じつはわたしも、採用や育成に困っていた時期があります。のちほどお伝えしますが、女性スタッフ全員による「クーデター」を経験したことをはじめ、大変な思いをしてきました…。

そんななか、「これはもう、変えなければいけない」と思い立って改革を進めた結果、採用や育成が改善して離職率もぐっと減り、院長ひとり・ほかは女性ばかりの職場が回る状態になっていきました。そして、現在は悩める医院の経営者にわたしが蓄積してきたメソッドをお伝えしています。本書には、わたしが普段教えている「男性経営者ひとり・女性部下が複数いる職場」がうまく回る秘訣をできる限り盛り込みました。

とくに重要なのは、クレド（行動指針）の作成とスタッフへのアナウンス、クレドにコミットさせる流れを考慮した採用のステップです。わたしがクレド作成のコンサルティングをした医院では、適正人材が集まり辞めなくなった、指針に賛同するスタッフだけが残った、固定費が減って利益が上がったなどの成果につながっています。

また、わたしが伝えたクレド作成のメソッドを知人のコンサルタントがある幼稚園に導入したところ、適正な人材が集まるようになったとのことです。

つまり、医院だけでなくほかの業種でも活用できるメソッドだということです。

話は少し逸れますが、とある経営塾で、日本の企業で働く人たちの会社に対するエンゲージメント（愛社度）は恥ずかしいほど低いと聞きました。

エンゲージメントが90％もの高水準であるインドのような国に行くと、自分が身を置かせてもらい、給料をもらっている会社を悪く言うだけで、人格まで疑われてしまうくらい恥ずかしいことだそうです。わたしたち小規模事業所を営むリーダーは、働く場を提供するだけでなく、職場へのエンゲージメントを上げたいと思っています。

少人数のオフラインで仕事をする職場だからこそ、スタッフのエンゲージメントを上げることが、スモールビジネスを営む経営者の矜持ではないでしょうか。

まともな労働者なら、会社や世の中の文句を言いながら生きていても、まったく有意義ではありません。おかげさまで現在のわたしは、スタッフのエンゲージメントの高い職場をつくれるようになってきました。

本書のメソッドを活用して部下たちが自発的に働く職場風土をつくり、リーダーもスタッフもお客様もしあわせになるスモールビジネスが展開できることを、心から願っています。

2023年11月15日

年名　淳

辞めない 採めない 理念が根づく 「クリニック人材育成」の教科書　目次

第2章　複数の女性部下を持つ男性リーダーの悩みと、改善のヒント

第3章　クレド（行動指針）をつくる

第4章　適正人材採用の5ステップ

第5章　「女性部下中心のスモールビジネス」を回すために大切なこと

第1章　過去の失敗から学んだこと

突然の「青天の霹靂」

現在につながる14年前の出来事

経営者は、労働者が「大切にしてほしい」価値観をわかりきれていません。

「仕事は頑張っていて、うまくいっているけれど、職員や家族などの人間関係で不安が大きく、どうしても満たされない」というふうに、「公私のバランスがとれたしあわせな状態」から外れたリーダーは、少なくありません。

いまから14年前、２００９年の8月2週目、土曜日の終業後にわたしはスタッフから吊るし上げに遭いました。当時のスタッフへの対応は自己採点では及第点で、それなりにできていたつもりだったので、まさに青天の霹靂でした。

でも、いま振り返れば当然の結果でした。むしろ、それが現在につながっているので、当時の部下に感謝の気持ちでいっぱいです。何があったのか、具体的にお伝えします。

自分なりに「安心安全な場」をつくっていたが…

２００９年8月4日、土曜日。14時45分くらいだったと記憶しています。

語弊があるかもしれませんが、わたしは幼少期から女性を「怖い」存在と思っていました。もちろんいい意味であり、言い換えると「強《したた》か」な人としてリスペクトすべき存在、ということです。それは現在も変わりません。開業歯科医院の仕事をするからには、女性たちと結束し、協力して運営していかなければいけない、とも思っていました。

独立するまで、大学病院の病棟などで看護師の女性たちと関わるなかで、女性が持つ性質がなんとなく自分のなかに出来上がり、女性を敵に回してはいけない、と思うようになったのです。ただ機嫌をとればいい、というわけではありません。一方で、かつての男性社会のように上から押さえつけるのも通用しません。

何が大切なのかを試行錯誤しつつ、それなりにうまく女性たちと付き合っていたつもりでした。

医療のような専門業界では、ライセンスを持っている人と持っていない人とで違いがあります。また、一般企業でも経営者と従業員では違うのは当然です。

上の立場の人は、まさに「上から」ガンガン言ってもいいのかもしれません。ライセンスを持たない人、雇われる人は、「上長から言われることも仕事のうち」と考えざるを得ないような風潮はありましたが、わたしの性分に合いません。

たとえば、ミスをしても患者さんの前で本人を叱って、恥をかかせるような注意や忠告などしたこともありませんし、人格を否定することもありませんでした。

ほかにも、患者さんとスタッフがお手洗いで鉢合わせしないよう、スタッフ用のお手洗いを用意していました。

なぜなら、歯科医院は口のなかを触るものなので、診療時間中にスタッフがお手洗いへ行ったときに患者さんと一緒になると、なんとなく気まずくなるからです。

休憩時間もわたしとは別に過ごせるよう、別の控室を設けるなど、ちょっとしたことかもしれませんが、わたしは不安要素をできる限り少なくして「安心安全な場」をつくっていたつもりでした。

転機となったスタッフの「クーデター」

移転が落ち着いた頃、クーデターが発生

2009年は、現在の場所に医院を移転するタイミングでした。移転する前（1998年～11年間）はわたしの父親が営む皮膚科・泌尿器科の隣に建てた歯科医院でしたが、通りからは見えにくかったので、本来ライバルでもある地元の同業者でさえ「よくここで開業したね」と言うくらいだったのです。

移転とともに従業員数も増えてきたので、福利厚生面を改善するために厚生年金保険の適用事業所に格上げもしました。一般的には厚生年金に入っているところに勤めたほうが、本人にとっても親御さんにとっても喜ばしいことなので、覚悟を決めての加入でした。

厚生年金に入れれば、人件費として医院が持ち出す額は増えますが、スタッフの満足にもつながる、という思いがあったのです。

給与面も含めて、十分にやってあげているような感覚が自分のなかにありましたが、左脳（ロジカル）で考えがちな男性的なものに過ぎなかったのかもしれません。

移転したのは同年の５月で、診療しながら３か月ほど経って落ち着いたのですが、その間にスタッフの不満が高まり、そして１箇所に集まったのでしょう。

「クーデター」が起きたのは、ちょうどその頃でした。

当時はスタッフの不満がまったくわからなかった

２００９年８月４日の土曜日、13時30分まで診療し、通常であれば14時に片づけが終わって全員が帰宅するにもかかわらず、ある歯科衛生士が「院長、お話があります。待合室まで来てください」と言ってきました。

「お話があります」というのは、「一身上の都合で退職する」もしくは「結婚します」といった話かと思ったのですが、いざ待合室へ行くと、非番で土曜日はいないはずの部下も含め、全スタッフが揃っていたのです。

そこから先は「針のむしろ」で、わずか30分ほどの時間が、1時間にも2時間にも感じられました…。「どうして自分がこんな目に遭わなければいけないんだ？」と思えたほどです。

彼女たちの言い分は、「院長は、自分たちのことを大切にしてくれていない」というものでした。

路地裏の人目につかない場所で営んでいた歯科医院が、表通りに移転したとたんに患者さんが大幅に増え、毎日何人も新患さんが来る状況で、非常に忙しくなりました。そのしわ寄せは部下のスタッフたちにいきます。それが、最大の不満だったのでしょう。

そんな状況もある程度予想していたので、移転してキレイな環境になっただけではなく給与を上げて、厚生年金にも加入して福利厚生を充実させた。

できることはすべて行ったつもりになっていたわたしには、怒りよりも「何が不満なんだ、これ以上何をしろと言うんだ？」といった困惑しかありませんでした。

どうして土曜日なのに、みんな揃っているの？　どうしてこんな状況になっているの？と尋ねたところで、「そんなの関係ありません」と言われて終わっていたでしょう。

最悪の結果にならなかったのが、大きな救いだった

みんなの最後の結論は、「いまの環境をつくってくれたことには感謝している、ここにいるメンバーが好きだから仕事を続けたいと思っている、だからいまこんな話をしている。そうでなければこんな話をせずにとっくに黙って辞めている」とのことでした。

みんなの願いは、「変えてほしい、だから考えてほしい」ということだったのです。

当時はすでに、のちほど詳しくお伝えするクレド（行動指針）が存在し、それに沿っていい人材を採ってきたつもりだったので、自分の選択眼がおかしかったのかな、とは思いませんでした。

ここまで尽力してくれた彼女たちに、とてもつらい思いをさせてしまっていた自分を振り返る機会になったのは間違いありません。

つまるところ、わたしが一方的に悪かったわけではなく、彼女たちのわがままが強かったわけでもなく、ボタンのかけ違いだったと思っています。

忙しすぎてお互いのことをわかっておらず、同時にお互いが甘え合っていたのでしょう。

雇う側は「自分のしてあげたことをわかってくれるだろう」と思い、部下は「これだけわたしたちが大変なことを、院長はわかってくれるだろう」と思っていた。

でも、想定以上に忙しすぎて、すれ違ってしまったのです。

そんな先輩たちの状況を見かねた入職して数か月の新人歯科衛生士2人が、割って入りました。1人は5月の移転後に入った者、もう1人は7月に入った者です。

2人とも、「クーデター」の背景はよくわかっていないながら、先輩たちが困っているならわたしたちが突っ込んでいきます、とみんなに働きかけ、わたしのところに来たのです。

当時のチーフ格の人たちが控え目な性格だったので、きっかけづくりをしていたことになります。

これは、わたしにとって本当に大きな事件でした。

ただ、すぐに自分が変われたわけではなく、「なぜだ?」「よそと比べたら、待遇はずっといいだろう?」としばらく自問自答を続けました。与えているものに対するわたしの執着が強かったのかもしれません。

救いだったのは、当院を辞めてもここ以上にいい職場は少ないだろう、ここの仲間と一緒に仕事を続けたい、そう思える環境をつくってもらったことには敬意を持っている、と言われたことです。

本当の理由を言わず、適当な理由をつけて辞められてしまうほどの最悪の関係性ではなかったのは、大きな救いでした。多少なりともリーダーとして、アンテナの感度を高くしていたのがよかったのかもしれません。

「事件」以来変えたこと

コミュニケーションの機会を移転前のレベルに戻した

この一件以来、移転前と同じレベルでチーフ格のスタッフとコミュニケーションをとれるよう、改めて関わり方を見直しました。

たとえば、個別ミーティングでざっくばらんに話せる機会を増やしたのです。

患者数が増えてもっとも大変な思いをしていたのは受付担当者だったので、とくに受付チームとの意見交換を密にしました。

改めて振り返ると、移転前に行っていたことをしなくなり、些細に思えることが大事だったことに気づいたのです。

結局、彼女たちを認めてあげることができていなかったために、不安にさせてしまったのでしょう。忙しさにかまけて、長年の付き合いだからと安心し、コミュニケーションが少なくなっていました。

コミュニケーションの機会を復活させたのが、クーデターによって変えたことの１つです。

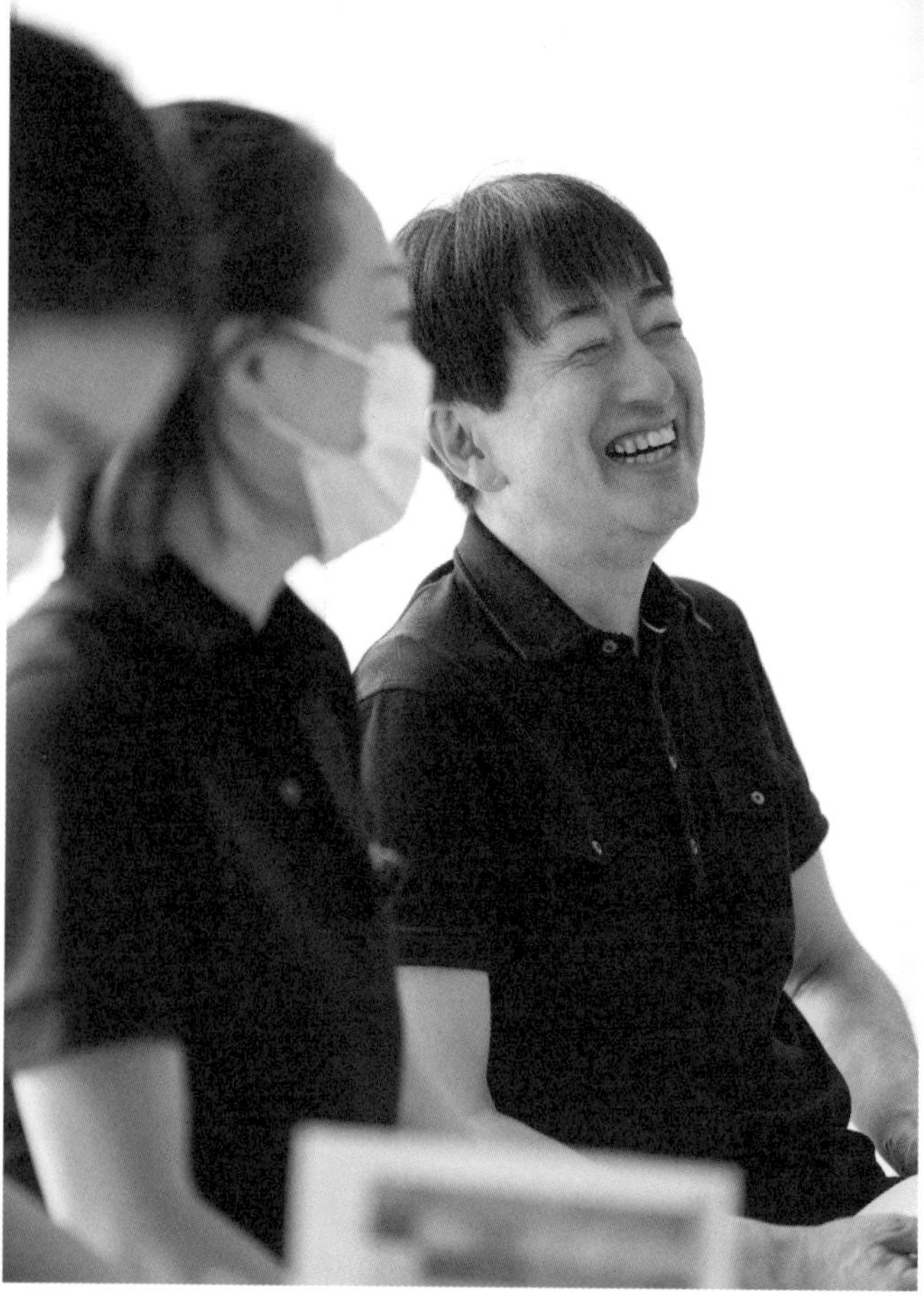

スタッフの数字に対する意識を高めることに努めた

経営者として、もっと数字が自分事になるような伝え方を意識し始めたのも、クーデターで変わったことです。

経営者でなければ、あまり数字に関心を持たず、わからないことも多いはずです。実際、移転以来患者さんが大幅に増えて売上が上がっているのに、自分たちに還元されていない、という不満があったようです。

売上が上がっていても、借入の返済や固定費の上昇の影響で利益やキャッシュフローが圧縮される部分があるのは当然で、そのあたりの認識が一致していなかったのです。

忙しくなったのにお給料が上がらないことへの不満には一定の理解は示しつつ、当時の経営コンサルタントを通じて移転前と移転後の数字を見せ、「こういうことだよ」と資金状況を説明しました。

以前から半年～1年に一度、数字を説明してはいましたが、クーデター前は「経営のことはわからない」と、自分事ではなかったのかもしれません。

経営者とスタッフとでは、数字への意識が違って当然です。自分にほとんど還元されていない背景や理由がわかっておらず、関心も薄かったのでしょう。

クリニックなどの小規模事業を営んでいるドクターやリーダーからすると、スタッフの思う「普通」はわたしたちとは違い、乖離があるのは仕方のないことです。

でも、彼女たちの言いなりになるのも違うので、言うべきことは言う必要があります。大切なのは、「対峙」せずにもう少し「俯瞰した立場」で物事を見ることです。

当院で言うと、医療機関で働いているということは、「患者さんのため」を考えているはずです。コミュニケーションや表情、人当たりが素敵な人は、こちらが期待する振る舞いをしてくれます。

そんな人たちがもっと高みに行くには、もっとこんな知識を身につけたほうがいい、といったスタンスで接する必要があるのではないでしょうか。

時間が解決することもある

時間が解決してくれることも、否定できません。

当院がクーデター以来うまく回っているのは、スタッフたちが10年選手になり母親になったことも、大きな要因です。

「親の立場として子どものお手本になることは大事だよね、こんなことも知っておいたほうが、家でも役に立つよ」といった話をすると、彼女たちは素直に聞いてくれるようになっています。

「ここで仕事をさせてもらいながら、親としても社会人としても成長させてもらっています。ありがとうございます」とお礼を言われることもあるほどです。

言葉のかけ方をマイナスからプラスへ変えた

ほかにクーデターが起きてから変わったのは、ＣＳ（カスタマー・サティスファクション）よりもＥＳ（エンプロイーサティスファクション）の意識を強く持ち始めたことです。とくに医療業界では、自分たち医師は患者さんのために動いているから、その手伝いをしているスタッフも患者さんを第一に働くのが当然、という風潮は現在も残っています。ただ、患者さんたちに貢献するには、部下たちが長く勤められる環境が不可欠でもあります。

ですから、お給料のような有形のもの、やりがいや安心感といった無形のもので、一定以上の満足をさせてあげることが、リーダーの務めかもしれません。患者さんのために努力しなさい、身を粉にして働きなさいと言っても、まったく響かないでしょう。

具体的には、「こうしなければダメ」ではなく「こうすると、こんなにいいことがあるよ」と、言葉のかけ方をマイナスからプラスに変えました。

実際のところ、できるようになるまで３～４年かかりましたが。

「クーデター首謀者」のその後

わたしの大きな転機となった「クーデター」の首謀者２人がその後どうなったか、後日談をお伝えします。

先輩たちのために「一肌脱いだ」当時の新人歯科衛生士は、現在２人とも歯科衛生士ライセンスを取得して15年目になりました。

リーダー格は、出産～育児でそれぞれ1年程度の離職期間はありましたが、３人の子育てをしながらずっと当院にパート勤務中です。

サブリーダーは現在当院勤続14年で、結婚5年目にして子宝に恵まれ、最近無事出産しました。1年半後に、ママさん歯科衛生士として復帰する予定です。

そんな「事件」を起こした人たちと、現在も良好な労使関係で居られることに、よく驚かれます。

娘との関係悪化と改善

父の影響で厳しくしすぎたことが仇に

上の娘が中学校に入った２００９年頃、娘との関係性が悪くなり始めました。

わたしが昭和1ケタ生まれの父親の元で育ち、長男だったこともあり、とても厳しく育てられたのです。

そのせいか、親は厳しいもの、という概念が完全に染みついていたのかもしれません。長女に対しても、厳しくするくらいが丁度いい、と考えていました。

当時のわたしは彼女のためによかれと思って、厳しくしていたのです。でも、わたしの頃とは時代が異なり、小学校も後半になってくると、「なぜわたしだけ？」となってきます。

たとえば学校のテストで85点や90点をとったら、通常は「まあまあ頑張ったな」となるものですが、わたしが父親から「１００点には15点足りない」と言われたのと同じことを娘にしてしまうわけです。

わたしに染みついていたのは、「父親から認められていない」という自己肯定感の低さだったのです。

変わるきっかけとなったセミナーへの参加

当時のコンサルタントがそんなわたしを見かねて、セミナーをすすめてくれました。脳科学と心理学、マーケティングをかけ合わせた中小企業経営者向けの経営塾だったのですが、その1日体験セミナーを受けたことが変わるきっかけになりました。

わたし自身、業界内でも世間一般でも「変わっているな」と思うことがよくあったのですが、「変わっている、即ちユニークな部分が多いのは、大きな強みだ」と聴いたのです。グループワークを通じて自認、つまり自分を認めることが少しずつできるようになったのが、変化の始まりでした。

自分を認められるようになると、周囲との関わり方も変わります。

娘や部下たちが言うことやすることにはその人なりの肯定的な意図があり、それが行動につながっていることを感じられるようになったのです。

行動そのものよりも、「なぜそれを言ったのか？」「なぜそれをしたのか？」にフォーカスして生きることも悪くないと助言され、自分を全面的に認められるようになりました。普段の診療のなかで、部下たちと意見が食い違ったとき、言い合いになることは以前からありませんでした。

もともと子どもの頃からケンカが弱く、ケンカになったら相手を負かしてやろうと思いませんでした。「なぜこの人はこんなことを言うんだろう？」「なぜこんなことをするのかな？」と行動や思考に疑問がわいて、考えているうちに話が終わっていました。

自分の考え方や行ってきたことはよかったんだ、と思えたことは、本当に大きなことだったのです。

自分を認められ、娘や周囲との関係性が変わった

２０１３年10月、ちょうど50歳になる直前にそのセミナーの本講座が始まったのですが、それから数か月経って部下たちから「院長は変わったよね」といった声が聞こえ始めました。わたし自身はまったく自覚していなかったのですが…。

娘にも叱ることもなくなったので、「パパ、変わったよね」と言われるようになったそうです。わたしには2人の娘がいますが、二女に「お姉ちゃんを叱る怖い人」と思われていたようで、彼女との関係性は悪くない代わりに彼女からわたしには近づいてきません。それでも「パパが変わってきた」と言っていたそうです。

医療関係者からは、「先生（わたし）みたいに、部下に優しくしたら舐められるだけだ。優しく言っても言うことを聞かない。厳しくしないとダメ」とよく言われたのですが、厳しく言ったら言うことを聞くのは、うるさいから言うことを聞こうと思っているだけで、本質的に直っているわけではないと思っていました。

ですから、「それはそれでよかったんだ」と思えるようになったのも、わたしにとって非常に重要なことでした。

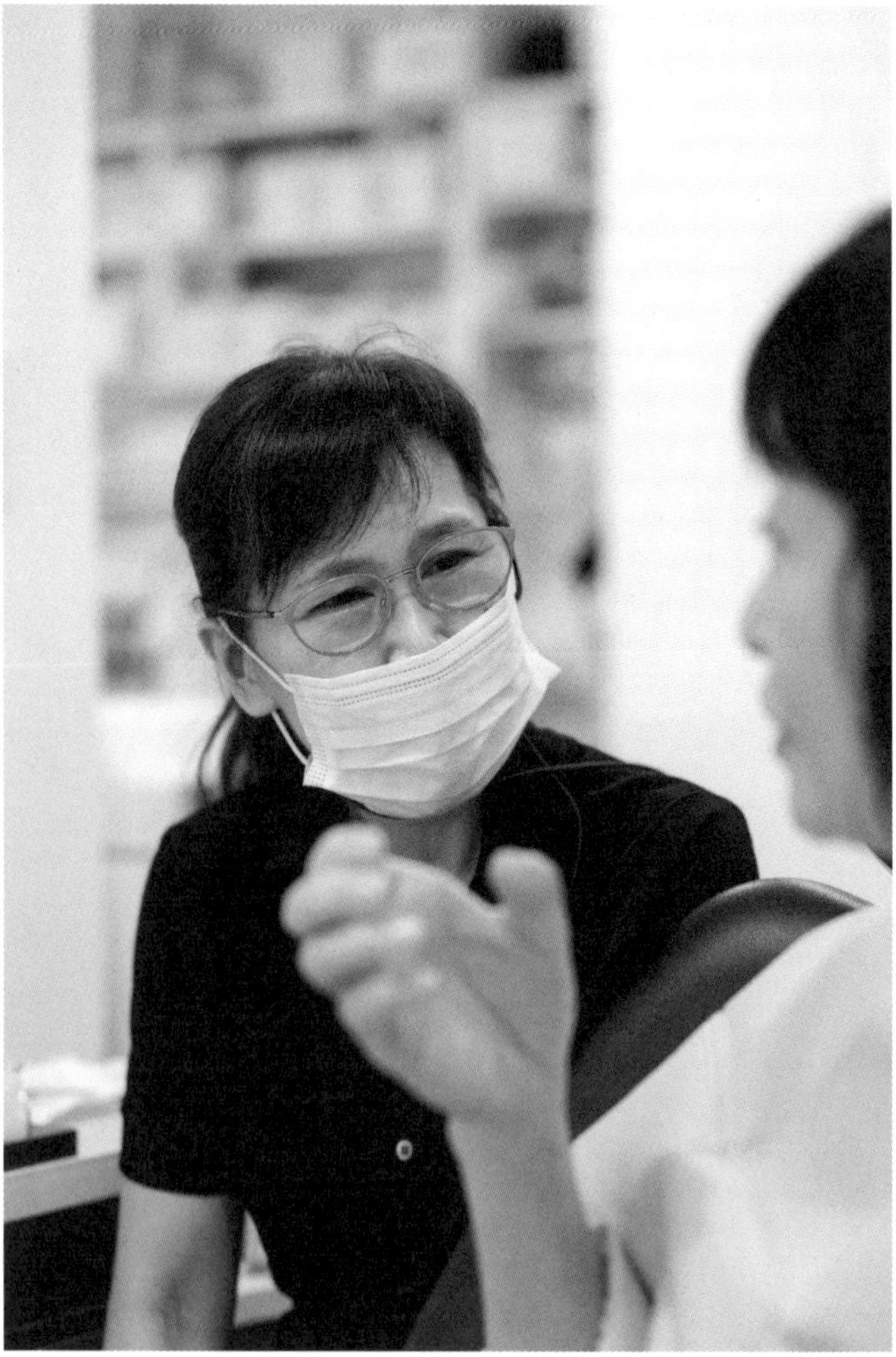

第2章

複数の女性部下を持つ男性リーダーの悩みと、改善のヒント

リーダーの悩みは多く、根深い

リーダーの働き方、人材育成、人間関係の悩み

本章では、複数の女性部下を持つ男性リーダーの「お悩みあるある」と改善のヒントをお伝えします。

前章の「事件」を契機に、わたしは時間をかけながら、複数の女性部下を持つ小規模事業所を回せるようになりました。

でも、10年以上前のわたしのような「悩める男性リーダー」は世の中にたくさんいるのではないかとお見受けします。

リーダーばかりが頑張らざるを得ない状態になり、すべての仕事を背負い込んでしまう結果、余裕がなくなって指示も出せない悪循環に陥ってしまう状況は、とても多いのではないでしょうか。

ほかにも、人材育成が機能しない、事業所内に悪口が飛び交っている…さまざまな課題があるでしょう。

お金の面では、部下に対して数字の意識を落とし込めていないために、浪費とも思える

経費の使い方をされてモヤモヤしているかもしれません。

リーダーの見えないところで部下同士のハラスメントが行われているのに、いわゆる主任級のスタッフの陰に隠されている、問題が起こっていても知らせてもらえていない、ということもあり得ます。

どれも、本当に深刻な問題です。

丸投げによる人材の損失も深刻

スタッフの扱いも、多くの問題をはらんでいます。

多くの男性リーダーは、女性のことや部下のことがわからないので、軽はずみに仕事を丸投げしがちです。

投げられた側が意気に感じて取り組んでくれるのならいいのですが、多くの場合はその人が板挟みになり、体力的にも精神的にも参ってしまい、辞めてしまうケースもあります。

本来なら、右腕、左腕になるべき人間を逸してしまう。そもそも仕事を振る時点で前振りや環境整備ができていないために、たとえば小さな歯科医院ならすべてが主任歯科衛生士に集まり、いい人ほどすべてを受けてしまいます。

受けた歯科衛生士は弱音も吐かずに取り組み、結果的に身体や精神が悲鳴をあげてしまうことも多く見られます。

ほかには、リーダー格のスタッフが幅を利かせてしまっている、ミーティングが大事なのはわかっていながらも、ミーティングの仕方がわからない、といったケースも…。

お客様対応にも悩みは尽きない

問題は、組織内だけではありません。

スタッフのお客様に対する対応や言葉遣いにも、課題が山積みという事業所はきっと多いことでしょう。

医療だけに限った話ではなく、ケースバイケースでお客様に応じた適切な汲み取り方や声かけができず、とにかくマニュアル通りの言葉しか話せない職員が多いのではないでしょうか。

たとえば美容院やエステサロンなどのプレイングマネージャー（実務と管理職を兼務する人）が自分のお客様と会話をしながら応対しているときに、若いスタッフのほかのお客様への口の利き方が気になってしまうこともあるでしょう。

いずれのケースも悩ましい話ですが、本来は経営者のリーダーシップが発揮できていれば、未然に防げるものです。

採用に悩むリーダーと、その勘違い

「人が採れない」は誤った認識

世の中の雰囲気は「完全に売り手市場」と思われていて、とくにクリニックは「いい人材を確保するのが大変」という声をよく聞きます。

たとえば、募集をしても応募がない、もしくはあまりやる気のない人しか来ない、といった悩みを抱えている人は多いようです。

ただ、そこには大きな誤解があります。

「いい人材が、なかなかいない」と言われることが多いのですが、そもそもわたしたちのような小さな事業所では、毎年かならず何人も採用することはありません。

つまり、努力を惜しまずしっかりと取り組めば、適正な人材に出会える可能性が十分にあるのです。

ところが、「いまは人が採れない」といった風評を真に受けて、世の中のせいにしてしまっているのではないでしょうか。

これは、大きな勘違いなのかもしれません。

募集で「金銭面」に訴求してもうまくいかない

考えればわかることなのですが、おそらく気がつかないのでしょう。

求職者の潜在欲求が本人ですらわからないために、福利厚生面の充実や給与、賞与の額や昇給、有給といったわかりやすいところ、つまり顕在意識的なものを整える方向へ引っ張られてしまうのです。

わたしたち歯科医業界なら、たとえば都内で経験値の少ない歯科衛生士を採用するために月28~30万円を提示しても応募すらない、と言われています。

結果として、応募を促すにはもっと高い金額を提示せざるを得ない、という形になってしまうのです。

これは、求人大手がつくっている「一般的な条件」に影響されることと同じ意味であり、人材採用をビジネスとしている企業につくられていることも否定できません。

ただ、働く本人からすれば、歯科衛生士の資格を取得しただけでは何もできず、何もできない新人の自分が給料をもらったところで、すぐに金額に見合った貢献ができるわけがない、とわかっているはずです。

ところが、まわりのみんなと同じように求人サイトなどを見ざるを得ないために、目に見える条件で応募先を選んでしまうのです。

いざ就職したときに、「もらっているお給料の分は働かなければいけない」とできないながらもプレッシャーを感じながら取り組み、一方で職場では「早く一人前になれ」と煽られる。

本来はじっくり育ててほしいのですが、まわりから煽られて、仕事にもついていけず壁にぶつかり、結局辞めてしまう。

2～3か月で辞めてしまい、第2新卒として「また次…」となって、新卒1年目に同じことを2～3回繰り返してしまうと、自信を失って業界から去ってしまいます。

こんな残念なことが、意外に多く起きているようです。

一方で、仕事があまりできなくても「お金さえもらえるなら、何でもいい」とメンタルだけは強い、本当に必要とされているわけではない人たちが生き残ってしまうという好ましくない状況も、起こっているのです。

待遇面も悩ましい問題

スタッフ同士の待遇比較はＮＧにしよう

組織内のトラブルには、待遇面の不満に起因するものもあるようです。

とくに女性が多い職場では、自分とほかのスタッフの待遇を比べて、マウンティングする人もいる、という悩みを聞きます。

待遇を明示したほうが人間関係はスムーズになるのか、もしくは評価基準をどうすればいいか、という質問も、少なくありません。

事業所によっては、評価表などを使って評価を明確にしていることもありますが、少なくとも当院ではそのような基準を設けていません。

もちろん、毎年新入社員が入社し、さまざまな層の社員がいて、そしてその人たちがキャリアを積んだら10年後にはこうなる、というキャリアパスが必要な組織であれば、それがいいでしょう。

ただスモールビジネスにおいては、個人のパフォーマンスによって組織にどんな貢献ができているか、という枠にとらわれない自由競争のような報酬制度のほうが、個人のモチベーションを高められるのではないでしょうか。

当院の給与額は、基本的に新しいスタッフを募集する際の求人票でしか公開していません。

スタッフ1人ひとりと労働契約を交わしていて、しかも画一化されたものではないため、同じ時期に入ったAさんとBさんとでは異なります。基本的に、みんなバラバラです。

さらに、待遇面の改善を個別に願い出てきたとき、「○○さんはあれだけもらっているのに、なぜわたしはこうなんですか？」という他人を引き合いに出した交渉をＮＧにしています。

このようなしくみがない事業所が大半で、「彼女にこれだけあげることになったことが、ほかのスタッフに知れたらまずい…」と話す同業者はたくさんいます。

ただ、それは事業所内の情報共有を是としているために起こることです。

とても頑張っていて大きな貢献をしているスタッフに報いたくて、たとえば前年比20％の昇給をするときに、それを公開してはいけません。

少なくとも、当院では公開ＮＧです。

10人以下の、フェイストゥフェイスでお付き合いができる小さい職場だからこそ、できることなのかもしれません。

「精神的報酬」が、帰属意識を上げる

「精神的報酬」を与えられれば職場で傷つかない

ひとつ質問をします。「報酬」とは何でしょうか？

ほとんどの人は、「給料」と答えるでしょう。

そもそも給料は、スキルに対して支払っているものです。たとえば医院なら、コンピュータを使ってレセプト出力ができる、医療事務ができる、といったスキルへの対価が給料ですよね。

ただ、そのスキルを持っている人間そのものに、あなたはどれだけ興味を持っていますか？

少なくとも小さな事業所なら、経営者から人として興味・関心を持ってもらえる状況が満たされると、スタッフはクライアントに対して同じような行動ができるのではないでしょうか。

ところが、自分に興味を持ってもらえない状態で「患者さんの立場に立って、声のかけ方を考えろ」と言われたところで、「そもそもあなたが、わたしの立場で考えていない」と思われるだけです。

もしくは、ただマニュアルに書いてある通りにやれ、と言われても、単なるマニュアル人間が出来上がるだけです。

正直に言えば、当院の給与水準は近隣の平均よりも低いのです。

大切なのは、給与水準を高くしなくても、喜んで働いてくれる職場をつくることではないでしょうか。

そんな職場をつくることができれば、賞与が低い・昇給が少ないといった文句は出ません。

わたしはこれを、「非経済的報酬」もしくは「精神的報酬」と呼んでいますが、この報酬を与えられれば、職場内で心が傷つくことはありません。

人の尊厳を傷つけないことが大切

実際のところ当院では、ここ十数年スタッフ同士の揉め事は記憶にありません。派閥や仲良しグループもまず生まれません。

勤めて3年になる、以前調剤薬局に勤めていた歯科助手がいます。

正社員をすすめられるも、子どもの送り迎えがあるので断り、ちょうど正社員を募集していた当院に転職してきました。当院なら18時過ぎに迎えに行ける、というのがポイントだったようです。

その彼女が6か月くらい経ったときに、「入ってからずっとみんな優しいけれど、いつ本来の顔が出て、怖い思いをするかと思っていました。

でも、そんなことはまったくなく、これが本当の姿で、いい人しかいないことが信じられません」と話していたのです。

当院には、アイデンティティや価値観をお互いに傷つけ合うことがない、認め合った人たちが揃っています。

なぜなら、第3章でお伝えする「クレド（行動指針）」に全員がフルコミットしているからです。

仕事で成果があがらないとき、仕事の部分や自分の努力不足だけを責めてもらえればいいのですが、昔なら「親の顔が見てみたい」と言われたものです。

現代ならハラスメントですが、これは人の尊厳を傷つけるものなので、避けるべきですよね。

誰もが、尊厳を傷つけられる怖さを多かれ少なかれ持っています。ですから、それが一切ないだけで、不安がなくなるのです。

この安心感は、お客様にも伝わります。当院も、雰囲気のよさをほめていただけることも少なくありません。

この精神的報酬は、お金と違って簡単に稼げるものではありません。

維持するのはとても難しいのですが、いい組織をつくるには、決して欠かせないものなのです。

クレドの作成とクレドにコミットさせる採用を行う

クレドがあることで、価値観の違う人は自ら辞めていく

昨今では、問題のあるスタッフを簡単に辞めさせることはできません。

実際多くのリーダーから、辞めてもらいたいスタッフの話をいろいろと聞きますが、どのように対処すればいいのでしょうか？

以前はわたしも、苦労しながら問題のあるスタッフを辞めさせるために試行錯誤したことがありました。

たとえば、責任のある仕事を与えない、あからさまに差をつける、といったように、排除しようとしていたのかもしれません。

居心地の悪さを感じて、自分から「辞めます」と言ってくれないものか…と思っていました。

以前コンサルティングをしていたクライアントから、気になるスタッフを辞めさせるために、昇給しない、賞与額も減らす、そんななかでなぜいるんですか？　といった形にしたと聞きました。

現在の当院は、クレド（行動指針）をつくって以来、価値観が違うスタッフはここにいても居心地が悪いと感じ、辞めていく形になっています。

もっとも、採用でクレドにコミットをさせているので、そんな必要もほとんどないのですが。

価値観の合うスタッフだけを採用しよう

問題のあるスタッフをどう辞めさせるか悩まないためには、そもそも問題が起こりそうな人と極力関わらないようにしましょう。

そこで大切なのは、自分でクレドをつくれるようになることです。

そして、クレドにコミットした人以外は採用しない、と決めてしまえば、ほとんどの部分は解決します。

なぜなら、リーダー自らがつくる行動指針は、リーダーの価値観を反映したものだからです。その価値観にコミットするスタッフだけ採用すれば、採用後もトラブルが起きることはほとんどありません。

クレドの作成ステップは第3章、そしてクレドにフルコミットさせて採用するステップは第4章でお伝えします。

「クレド（行動指針）」を作成し職場の価値観を統一しよう

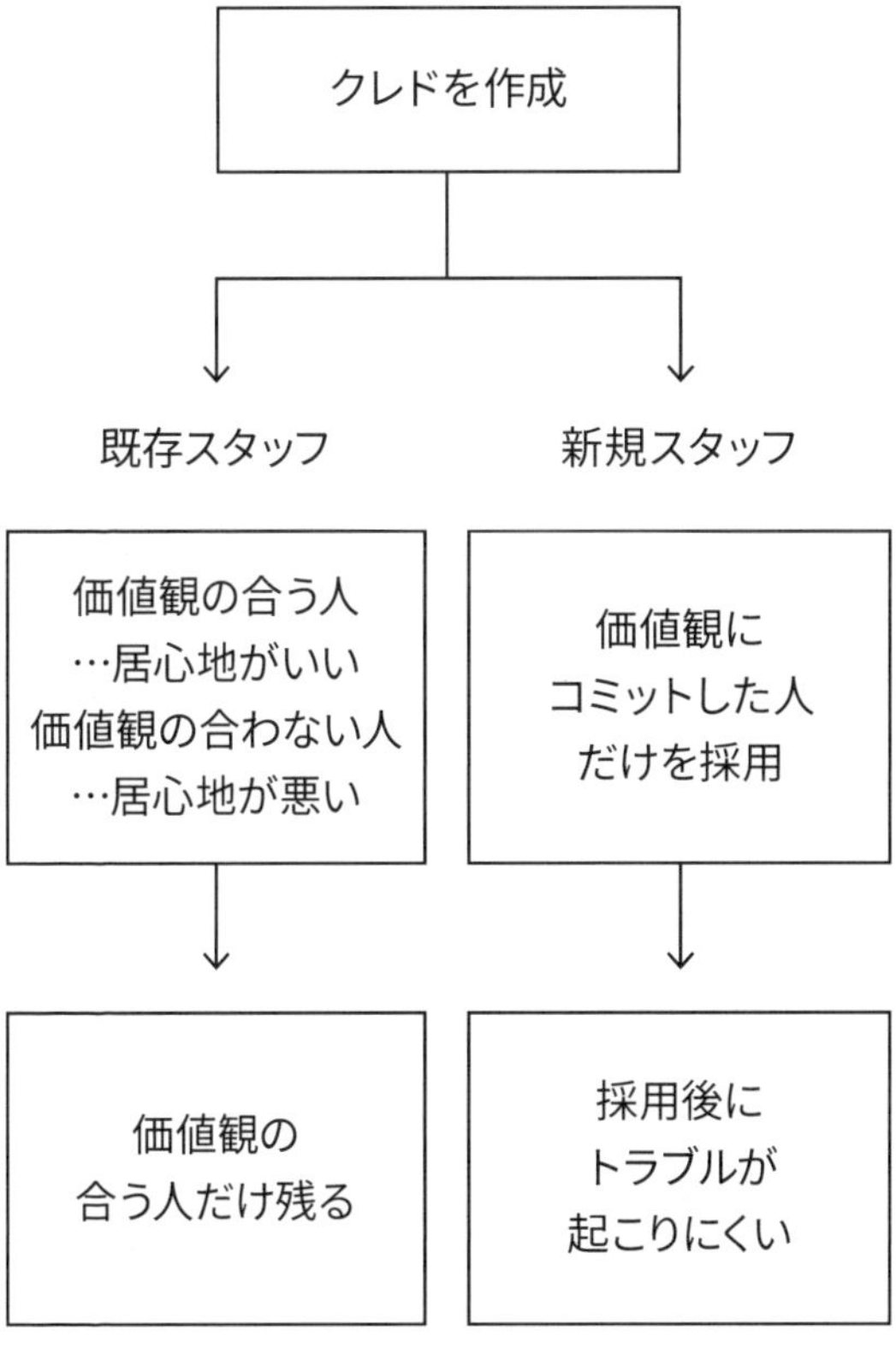

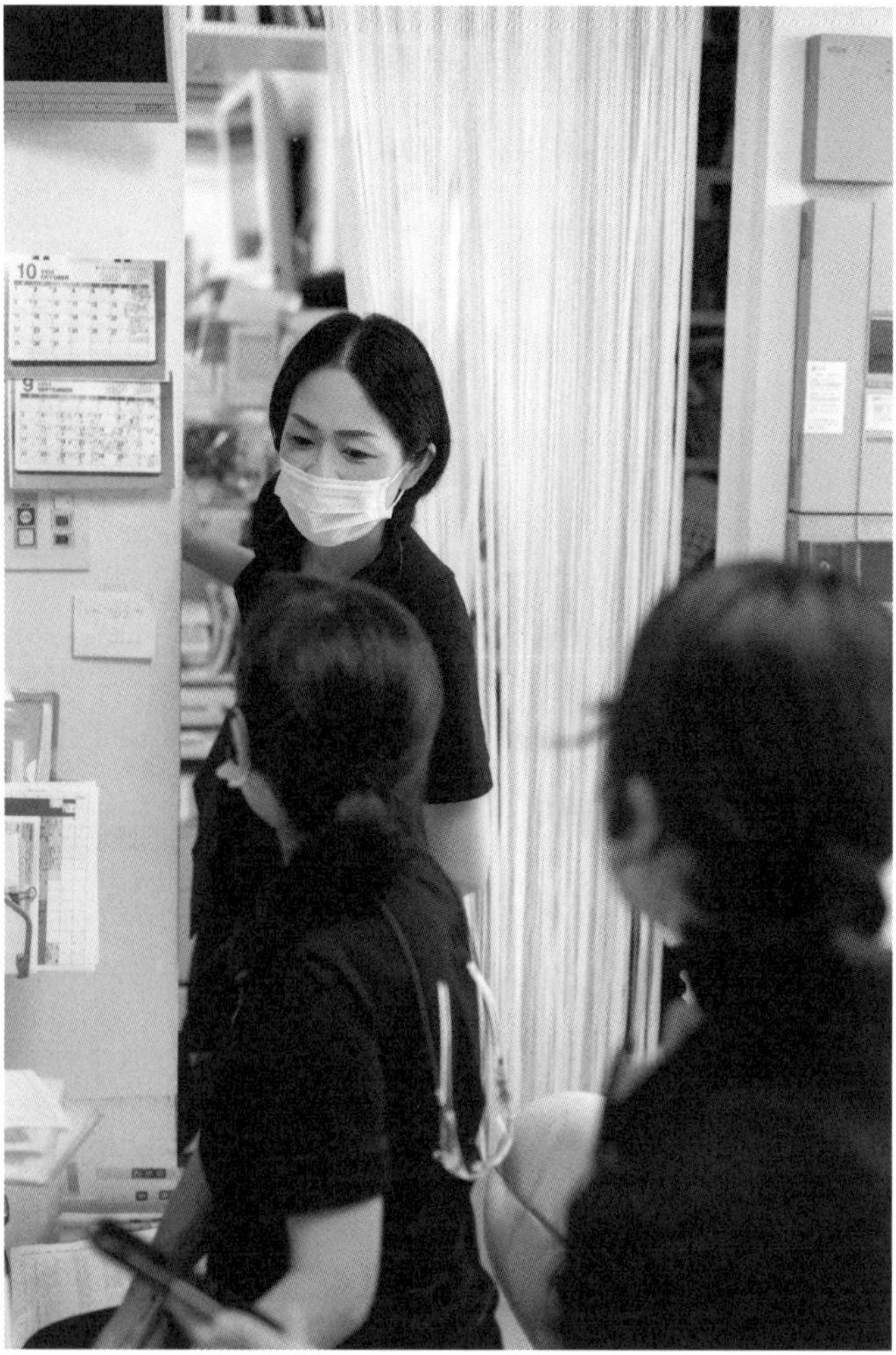

第3章　クレド（行動指針）をつくる

クレド（行動指針）は行動のありようを「見える化」するもの

クレドによって、スタッフを思い通りに動かせる

本章では、理想的な医院や組織、とくに男性がリーダーで部下が女性ばかりの組織をつくるために極めて効果的な、「クレド（行動指針）」のつくり方を紹介します。

わたしが運営する歯科医院のクレドは、開業から7年ほど経った2006年につくりましたが、それ以来徐々にわたしが理想とするスタッフと出会えるようになりました。

開業以来25年ほど経ちますが、12年を過ぎたあたりから、わたしにとっての適正人材が揃いました。

これは、クレドをつくったおかげと言っても過言ではありません。

世の中にはさまざまな人材マネジメントの会社やコンサルティング会社、接遇を教える講師といった方々から指導を受けているリーダーは多いでしょう。

でも、まずは院長や組織のリーダーがその組織に合ったスタッフの行動指針を示してあげることが、理想的な状態にする最短ルートではないでしょうか。

もちろん、つくるのは簡単ではありません。でも、一度つくればずっと使えるので、時

間効率や費用対効果を考えると、とても価値が高いものなのです。

リーダーの思い通りにスタッフを動かすたった1つの方法が、このクレドです。

クレドからもたらされる恩恵は大きい

「リーダーの思い通りにスタッフを動かす」と言うと、あまり好ましく思わない人もいるでしょう。ただ、リーダーの思い通りにスタッフが動き、協力してくれれば、スタッフもリーダーに貢献でき、お客様への貢献度も上がります。

お客様への貢献度が上がれば顧客満足が得られ、医院や組織の収益が上がり、スタッフに還元されます。

クレドをつくるメリットは、非常に大きいのです。

一方で、このクレドも含めた「スタッフを動かす術」を知らなければ、当然ながらスタッフは思うように動いてくれず、リーダーがすべてを直接説明したり、啓発したりしなければなりません。

これではいくら時間があっても足りず、リーダーとしてモヤモヤが解消されない状態が続くことになるでしょう。

とくに医院の院長は、いわばプレイングマネージャーであり、診療中はプレイヤーとして動かなければならない立場です。

アクセルを踏んで自分の持ち場である診療に集中し、患者さんに喜んでいただくことで収益をあげる必要があるのですが、スタッフがうまく動いてくれないために、ブレーキを踏まざるを得ない時期が、わたしにもありました。

クレドのつくり方を知るとどうなるかというと、スタッフに細かく指示をしなくてもよくなるので、リーダーが自分の仕事に集中できるようになります。

また、スタッフを信頼し、任せられる状態になるので、余計なことを言わなくてもよくなるでしょう。

さらには、スタッフが自発的に、自律的に業務と向き合うようになり、モチベーションも上がります。

なぜなら、スタッフそれぞれが院長やリーダー、上司から認められるだけではなく、「わたしはこの職場で、患者さんの役に立っている、医院に貢献できている」と自分自身で確認することができるからです。

結果として職場への満足度が上がり、退職者が減って長期雇用につながるため、採用しても育たずに辞めてしまい、また募集…という負のスパイラルから解放されるのです。

ぜひ、スタッフの行動のありようを「見える化」するクレドをつくってみませんか。

クレド（行動指針）がある
メリット

	クレドあり	クレドなし
職場への満足度	上がる	下がる
スタッフのモチベーション	上がる	下がる
退職者	減る	増える
顧客満足度	高まる	高まらない
収益	上がる	上げにくい
リーダーのメンタル	安定する	モヤモヤが続く

クレドの存在意義

クレドはできる限り自力で作成しよう

このクレド、「プロ」に委ねてつくってもらうのも悪くはありません。

でも、院長先生などのリーダーが自分自身で、自力でつくったほうが、もっともしっくりくるものになるはずです。

自力でクレドをつくるメリットは、やはりメンテナンスをしやすいことです。

いざ手入れをしなければならないとき、自分の言葉でつくったものはアレンジしやすいでしょう。

のちほど紹介する当院のクレドも、つくって以来ほとんど手を加えずにずっと使えています。

やはり自分でつくったものだけに、フィット感が非常に高いのです。

これが、当院のホームページに載せている、２００６年に制作して２００９年にアレンジし、現在でも使っているクレドです。

このクレドがあるからこそ部下たちがスムーズに動いてくれますし、何よりも行動の基準になるものがあると、スタッフの不安が小さくなりますよね。

クレドのつくり方はとてもシンプルで、このあとお伝えする３つのステップでつくることができます。

３つのステップをお伝えする前に、とても大切なことであるクレドの存在意義をお話しします。

クレドによって「感情的なトラブル」が激減する

なぜクレドをつくることが大事なのかというと、クレドは「これに沿って動けばいい」という目安になる行動指針だからです。

そして、クレドをスタッフ全員でシェアすると、スタッフとして何をしなければいけないのか、何をしてはいけないのかがわかります。

リーダーの方々には経験があると思いますが、ときにはスタッフにとって耳の痛い苦言や指示を出さなければなりません。

そのときにクレドがなければ、「院長の機嫌が悪かったから、わたしは叱られた」「院長があのスタッフに厳しく言わないのは贔屓しているからで、わたしは嫌われているから注意された」と、「感情」が作動する受け取り方をされてしまいかねません。

一方でクレドがあると、そのような感情の行き違いを大きく減らすことができるのではないでしょうか。

なぜなら、リーダーが常に大事なこととして伝えていて、みんなもコミットしたことだからです。

クレドに違反したことで起きたミスは反省してもらい、クレドが求めるレベルに達していないことがあれば、できるようなってもらう。

クレドの範囲を逸脱することをしたら、次回から気をつけてもらう。

このように感情を抜いて冷静に、客観的に伝えられるものとして、非常に意義が大きいのではないでしょうか。

医院のような組織は、男性のリーダーに対して女性の部下が多い環境であることが多いのですが、女性は男性に比べて感性が豊かです。

もちろんそれはよいことですが、それがネガティブに作用すると、わたしたち男性にはコントロールが難しいものです。

でも、クレドで行動指針を示し、組織の客観的な行動基準を公に伝えられれば、感情によるトラブルが激減します。

リーダーからクレドの存在意義をメッセージとして伝えよう

クレドの存在意義は、それだけではありません。スタッフ側から見ても、行動の目安がわかるので不安が小さくなります。

「何をすればよくて、何をしてはいけないのか、何がよりよい行動や発言なのか、院長が言ってくれないからわからない」といった不安がぐんと減るのです。

その組織の行動指針は、スタッフと全員でシェアすることに意義があります。1人でもコミットできていない人がいれば駄目ですし、当院のように22項目あるうちの1項目を除いてすべてＯＫ、でも駄目です。

全員がすべての項目をコミットできて、はじめてスタートできるものです。

何よりも大切なのは、まずはクレドの存在意義をリーダーがしっかりとわかっていることでしょう。リーダーは、

・クレドはスタッフにとってプラスなもの
・クレドはスタッフを制約するもの、行動を制限するものではない
・クレドがあることで仕事がしやすくなる
・クレドは心理的安全性が確保された空間をつくるツールである

といったことを、メッセージとして伝えることが大切です。

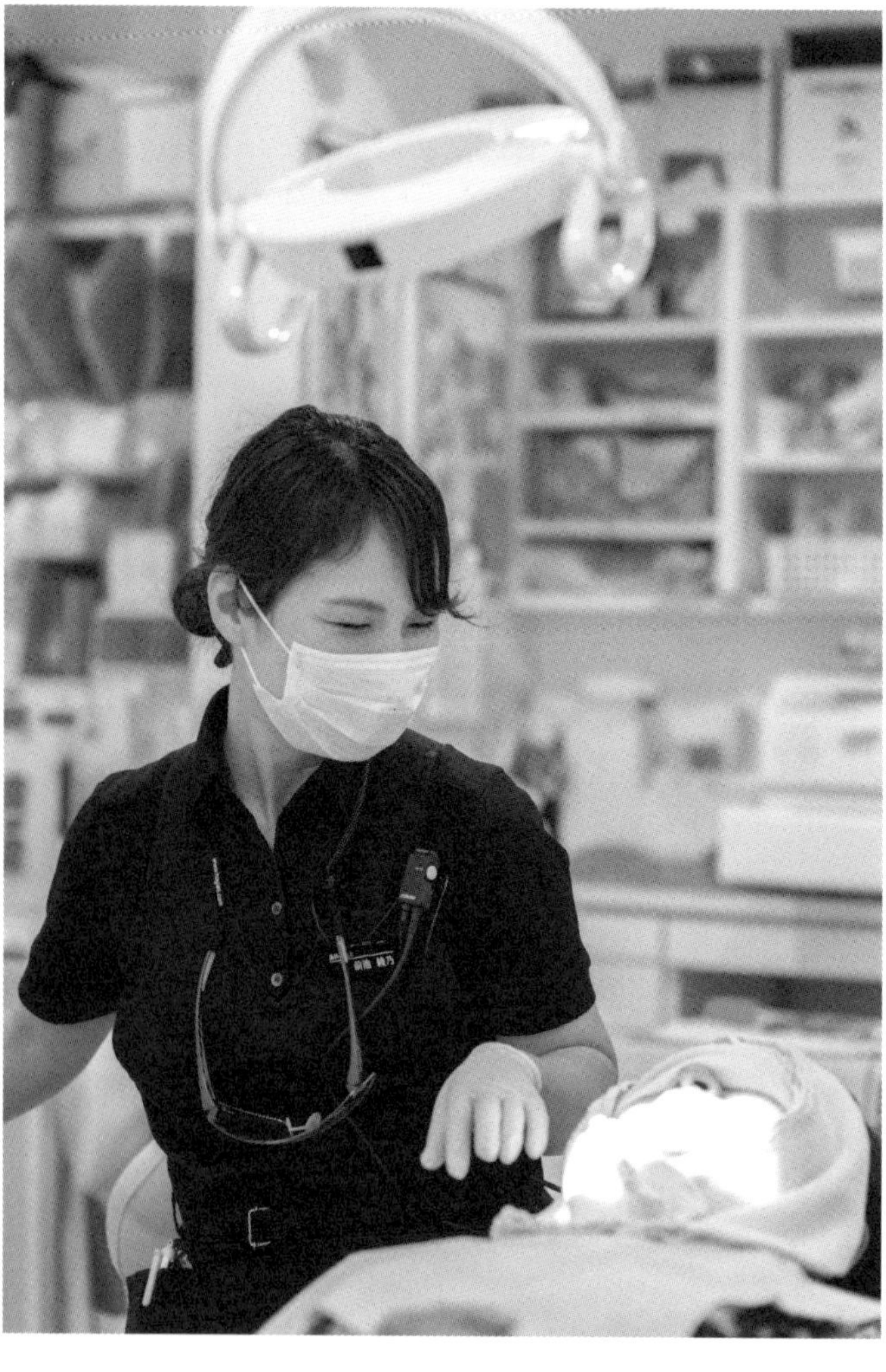

こんなクレド作成は失敗する

ポイントを押さえないとクレド作成はうまくいかない

クレドをつくるのは、決して簡単なことではなく、難産になることもあります。でも、時流に合わせてご自身も事業体も変わっていくので、すでにお伝えした通り、変化に応じて項目を減らしたり増やしたり合体させたりする際、自分でつくったものであればアレンジも簡単です。

難産ではあっても、コンサルタントにお金を払ってつくってもらうのではなく自分でつくることをおすすめします。

ただ、押さえておかなければうまくいかないポイントもあるので、ここでは「こんなつくり方をすると失敗する」例をお伝えします。

プロへの丸投げはNG

まず行ってはいけないのが、「プロ」への丸投げです。

よく、「社是」や「社訓」を社長室の壁などに貼っている企業を見かけますが、これもプロに委ねてつくってもらうケースが少なくないそうです。

社是や社訓は、その企業のミッションやビジョンなどをまとめたものですが、本来は社長自身でなければ説明できないはずです。

プロに委ねてしまうと、作成をサポートしたコンサルタントやアドバイザーが気持ちいいだけで、ほかの人の心にはまったく響きません。

社長が一生懸命につくったものでなければほとんど意味がなく、絵に描いた餅になってしまうでしょう。

「クレド」という言葉は、世界的な大手ホテルチェーンや大人気テーマパークに関わる書籍で有名になり、クレド作成をすすめるコンサルタントが増えました。

ただ、コンサルタントにお金を払ってつくってもらうよりも、自らの手でつくり、いつでも入れ替えができるようにしておいたほうが、コストパフォーマンスははるかに高いはずです。

何よりも、リーダーが自分の言葉でつくるからこそ、スタッフの心に届き、Ｄｏ＝行動を促すクレドがつくれるのではないでしょうか。

また、「行動」指針ということで、簡易版マニュアルのようなものにするケースも見られますが、クレドとマニュアルは別物なので、注意しましょう。

クレドは妥協せずに作成しよう

時々いただく質問に、「あまりにも厳しいことをクレドに書いて、スタッフが辞めることはないか？」というものがあります。

反発を気にして、遠慮する人もいるようです。

これに対するわたしの答えは、「遠慮せずにつくりましょう」です。

むしろ、クレドに合わない人は辞めてもいいのではないでしょうか。つくる際に、妥協する必要はありません。

そもそも、リーダーが考える望ましい行動をどこまでスタッフと共有できているかといえば、できていないケースがほとんどなのではないでしょうか。

男女の関係でも、男性は伝わっているものと思っていたのに女性には伝わっておらず、「それなら早く言いなさいよ」と言われた経験はありませんか？

チームも同じで、リーダーは「スタッフが思った通りに動いてくれない…」と思っていても、じつはどうしてほしいのかきちんと伝えていないケースがほとんどです。

最初から以心伝心で、リーダーとスタッフが一体になって動ければ理想的ですが、そんなことはほとんどありません。

リーダーが勝手に「あの人はできない」と言っていても、どうしてほしいのか伝えていないためにできない人も一定数いるはずです。

クレドをつくることで、「ああ、そういうことだったんですね」と理解し、それがきっかけで行動が変わり、距離が縮まる人がいるでしょう。

もちろん、価値観の合わない人が「わたしには無理…」と思って辞めていくのは仕方がありません。

伝わっているようで、じつは伝わっていなかった…というのはよくあることで、言葉にすることでコミットの度合いが高まる人、そうではない人がいるのも自然なことではないでしょうか。

経営者は自信を持っていい

当院がクレドをつくった2006年、当時のスタッフに1人ずつ説明をしました。説明したときは全員が納得したものの、その後2~3人辞めていったのです。

もちろんそのときは痛手でしたが、振り返ってみると辞めたスタッフは、わたしが事業展開したいことに対して「ブレーキ」になる人材でした。

クレドにコミットし、クレドに沿った行動をするようにスタッフへ伝えたことで、医院に合わない人がこちらから退職勧告をすることなく、解雇することもなく辞めていったのは、とても大きかったと思っています。

わたしが以前、クレド作成のコンサルティングを行った医者に伝えたことを、シェアします。

わたしたち経営者が人を雇う際、もちろん労働者の権利はしっかりと守らなければいけません。ただ忘れてほしくないのは、事業を行うことで恩恵を受ける人たちがいることです。

もし経営者に万一のことがあり、継承者がいなければ、その時点で労働者は職を失うわけです。

一方で、事業が拡大して多店舗展開になれば、サービスを受けられるお客様が増え、雇用も拡大します。

そのような環境をつくる立場にいる経営者は、もっと自信を持ってもいいのではないでしょうか。

働いてくれる部下たちには感謝の気持ちを示しつつ、働ける場をつくっていることへのプライドを忘れないことが大切です。

リーダー自らの言葉でつくったクレドが原因でスタッフが辞めたとしても、それは事業所側やスタッフ側がどうというわけではなく、合わなかっただけの話と考えましょう。

クレド作成で失敗するパターン

失敗①
プロへの丸投げ

- リーダーがつくらなければ、スタッフの心に響かない
- 自らつくり、いつでも変更できるほうがコストパフォーマンスは高い

失敗②
反発を気にして妥協してしまう

- 遠慮してはいけない
- リーダーが考える「望ましい行動」をスタッフと共有することが大切
- 経営者だから、自信を持っていい

クレド作成　ステップ1

まずは、「してほしくないこと」を具体的に列挙しよう

ここからは、実際にクレドをつくる3ステップをお伝えします。最初はステップ1、キーワードは「過去」です。

ステップ1では、絶対に許せないスタッフなどの過去の言動をすべて挙げます。気に入らない、もしくは許せない発言や行動をあぶり出すのが、クレド作成の第1ステップです。

たとえば、あなたにも他人にしてほしくないこと、してはいけないと思っていることがありますよね。

もっといえば、現在あなたの部下であるスタッフに、「こんな言い方をしてほしくない」「こんなふうにやらないでほしい」と思うことを、具体的に挙げるのです。

過去の「気に入らなかったこと」を挙げていく

たとえば、きちんと挨拶をしない人がいるとします。

あえて「挨拶をしなさい」と言わなければならないのもどうかと思うのですが、必要なこととわかっていない人にとっては、「挨拶なんかしなくてもいい、言えるときに言えばいい」というものなのかもしれません。

でも、それでは困る、と思うのなら、「挨拶しないのは許せない」というセンサーが働いているわけです。

ほかには、「言われれば動くけれども、言われなければ動かない人」もいますよね。もっと早く動いてほしい、少し考えればわかるだろう、と思っても、考えられないという人は少なくありません。

このように「そんな行動をしてほしくない」と思っていることは多いのではないでしょうか。

次に、過去の退職者を思い返してみましょう。もちろん、結婚や出産などの理由で円満退職した人たちではなく、短期で辞めた人、辞めさせた人のなかには、リーダーにとって問題と思われる言動をした人たちもいたはずです。

そのときに実際起こったことや、言いたくても言えずに終わった「気に入らなかったこと」を挙げてみるのです。

そして、たとえば歯科医院であれば、勤務医時代の同僚スタッフだった歯科衛生士やアシスタントを思い出して、開業したときにされると困ったであろう言動をピックアップします。

無理に思い出さなくても大丈夫ですが、よっぽど気になることならアンテナを立てていれば思い出せるでしょう。絶対に許せない言動を、できるだけ挙げましょう。

ほかには、先輩や友人とのお酒の席で聞く話も取り入れましょう。

医師の同窓会や医師会で、度を過ぎた人、とてつもなく悪い人の話を聞くことがあるかもしれません。

自分の組織では経験しないようなことであっても、絶対に許せない、起きてもらっては困る、と思うすべてのことを挙げてみるのがおすすめです。

「数」よりも「出しきること」が大事

よくいただく質問に、「絶対に許せないスタッフなどの過去の言動を、いくつくらい出せばいいのか？」というものがあります。

数が気になる気持ちもわかりますが、数よりも「出し切る」ことが大切です。これ以上出し切れない、もう何もない、と思えるくらいに出し切りましょう。

ちなみにわたしの場合、最終的にはクレドは22個ありますが、40～50ほどのエピソードが出てきた記憶があります。細かい部分まで含めると、もっとあったかもしれません。

おそらく、少なくとも40～50個出てくるのではないでしょうか。

出し切ることを前提にしつつ、数字は参考程度に覚えておいてください。

第1ステップで押さえておきたいこと

普段の業務で気に入らないことは、メモに残しておく

正直に言うと、過去を振り返って許せないことなどをピックアップするのは、いい気分ではありません。

とくに、揉めた末に嫌な思いをさせられて辞めたスタッフなどのことを思うと、本当にネガティブな気分になってしまうでしょう。

ですから、「過去」にずっとかかりきりになる必要はありません。普段の診療などを行うなかで、「ああいうことは直してくれたらいいな、こんなことをしないでくれたほうがいいな、言わないでほしいな」といったことをメモに残せば十分です。

もちろん、よほどひどいときには注意をしてもかまいませんが、忘れずにメモに残しておきましょう。

ステップ1では忘れていた過去を思い出すことになりますが、しっかりと抽出し、あぶ

り出すことがとても大切です。

はじめは箇条書きにしておき、まとめるのはあとでもかまいません。

「発言」や「行動」というふうにカテゴリー分けしておくのはいいかもしれませんね。

ネガティブになりすぎないよう、誰かに相談しよう

わたしがこの第1ステップに取り組んだときは、もちろんネガティブな気持ちになりました。もう会いたくない人を思い出して、落ち込んだりムカムカしたり…。

そんなときにおすすめなのは、誰かに相談することです。わたしの場合、当時契約していたコンサルタントが聞き役になってくれました。

3年ほど前、近所の若手開業医たちのクレド作成をお手伝いしたときは、少人数のミーティングを行うなかで、「こんなことがあって…」とネガティブ要素を出し合いました。そうすると、「そんなことがあったんだ…」「大変だったね…」と共感や慰めを得ることができます。

奥様が協力的な男性医師なら、ご夫婦で話せることもあるでしょう。

ネガティブになりすぎないためには、ひとりぼっちにならない場面を意識的につくるのがいいのではないでしょうか。

「なぜ自分がそう思ったか」を掘り下げよう

実際にわたしがコンサルティングに入ったときは、もう少し深掘りします。

たとえば、なぜ挨拶しないのが、もしくは言われないと動かないのが許せなかったのか、といった理由をヒアリングします。

なぜなら、怒りを感じるときの理由や想いは人それぞれだからです。

理由を掘り下げていくと、同じ文章だったとしてもベースにあるそれぞれの想いが加味されて、最終的にはその人らしいものが出来上がるでしょう。

掘り下げは、1人でもできないことはありません。

「なぜそう思ったんだろう?」と掘り下げることで、より端的な言葉になっていくのではないでしょうか。

クレド作成　ステップ2

否定形を肯定表現に変換する

クレド作成のステップ2は、「未来」です。ステップ1で挙げた「許せないNGな言動」を、肯定表現に変換してみましょう。

簡単に言えば、「あれをするな、これをするな」という表現を、「○○をしよう」に変えていくことです。

「としな歯科医院　クレド3番」の例

具体例を見てみましょう。
わたしの医院では22のクレドを用意していますが、その3つ目です。

> 3　私たちは、患者様の病状やその経過に合わせたお声かけを行ないます。痛がっている方、よくなりつつある方、調子のよい方など、声のかけ方が違って当然であることを十分理解しています。

たとえば患者さんをチェアーユニット（患者さんが治療を受ける治療用の椅子）へご案内する際、最低でも「こんにちは」「おはようございます」「大丈夫ですか？」「お変わりありませんか？」「痛みはありませんか？」とは言えるはずです。

でも、もっと大切なポイントは患者さんの状態をきちんと認識した声かけができているかどうかです。

つまり、その患者さんがどんな治療を受けに来ているか、どんなこだわりを持っているか、そしてとくにどんな症状を抱えているかによって、声かけの仕方は違ってくるでしょう。

症状について、ずっと痛いままなのか、痛みがよくなる傾向にあるのか、経過が芳しくなくてつらいのか。

症状によって、「まだお痛みですか?」「前回に比べていかがですか?」といった適切な声かけをしていこう、ということを意味しているのです。

適切な声かけをするには、ただ患者さんを招き入れるだけでは不十分です。アシスタントや歯科衛生士の声かけのきっかけをつくるために、患者さんの情報を提供しよう、ということにつながります。

情報がなければ、ただ案内してエプロンをかけて、「お変わりないですか?」のひと言で終わってしまいます。

わたしのこだわりとして、治療を受ける患者さんの立場になれば、そのような事務作業的な対応をしてほしくありません。

もっと適切な声かけをすることで、患者さんが安心感、信頼感を持って治療を受けられるきっかけをつくることができると思い、この3番を設けたのです。

「としな歯科医院　クレド17番」の例

もう1つの例、当院の17番目のクレドをお伝えします。

17　私たちは、常にコスト意識を高く持ちます。医院内の備品や消耗品は投資対効果を考えて、有効活用を行います。新規購入の場合も採算性を十分考えて、提案を行います。また、院内の物品に対していつも〝私物〟であるという意識を持ち、器械や器具類の取り扱いを丁寧にし、医療材料や事務用や一般のものなど、すべての消耗品類は無駄のない使い方を心がけます。

これは「無駄遣いをするな」ということです。

経営者と従業員で、コスト意識の違いを感じることは多いですよね。

やはり、どれだけ愛社精神があっても、「自分のもの」という感覚を従業員は持ちにくいのでしょう。

最終的に出費の判断を下すのはリーダーなので、溝が完全に埋まることはないのですが、コスト意識はきちんと持ってほしいので、肯定形に変えたうえで、この項目を具体的に設定しました。

このクレドでは、コスト削減の意識が大切であることを伝えたかったので、少々長めになっています。

医院の財布で無駄遣いをしても自分の懐は痛みませんが、医院の懐が痛めば最終的にはスタッフにも影響が出ます。

そこで、軽く釘を刺しておきたかったのです。

コスト意識は、どの医院、どの組織でも大切なものでしょう。

あまり言いすぎるのもどうかと思いますが、意識してもらわなければとくに責任感の薄い人はコスト意識が緩くなってしまいます。

ですから、このような項目をあえて設けました。

この例を紹介したのも、できるだけ具体的に伝えていくことが大事であることを伝えたかったからです。

ステップ2は、過去の出来事を未来に変換し、「今後はこんなふうにしてほしい」という形にするものです。

NG行動（〜してはいけない）を、OK行動（〜してほしい）に変えるのが、ポイントになります。

〔クレド（行動指針）〕

クレド（信条）２００９

クレドは、としな歯科医院の基本的な信条です。
私たちスタッフは、これを理解し、自分のものとして受け入れます。
そして、クレドに基づき判断し、行動します。

平成21年4月1日更新

1　私たちは、医療人であることを十分認識しております。そのため、患者様の身体の治療だけではなく、心のケアまで考えて思いやりのある行動をします。

2　私たちは、施術者であることを認識し、患者様主体で（受ける側のことを）考えて行動します。そのため「治った」という目安は私たちだけが判断するのではなく、患者様にも判断していただくようにします。

3　私たちは、患者様の病状やその経過に合わせたお声かけを行ないます。痛がっている方、良くなりつつある方、調子の良い方など、声のかけ方が違って当然であることを十分理解しています。

4　私たちは、目に見えない心配りを大切にします。そのため電話ひとつでも患者様に不快感を与えないように、話し方や口調、電話の切り方にも十分配慮します。

5　私たちは、人と人とのつながりを大切にします。紹介を受けた場合、紹介者の情報をできる限り把握した上で、被紹介者（紹介されて来院された方）との会話を楽しみます。

6　私たちは、患者様に尊敬と信頼の念を持って接します。そのため、敬語（尊敬、丁寧、謙譲）の重要性を認識し、正しい言葉遣いを常に研究して改善に努めます。

7　私たちは、患者様に不快感を与えない清潔感にこだわります。患者様の視点で、ユニット周りの汚れやほこりがないかチェックすること、ガラス、シンク、鏡を曇りないように磨いておくこと、院外ではゴミや落ち葉などが落ちていないように注意します。

8　私たちは、オンタイムを目指します。予約の遅れを取り戻すように無理のない範囲でスピードアップを意識し、時間のズレを修正することに全力で取り組みます。また、お待たせした患者様には心からお詫びすることを忘れません。

9　私たちは、キャンセル防止に積極的に努めます。何故ならキャンセルは医院の時間的、経済的ロスになるだけでなく、他の患者様に多大な迷惑をかけることになるからです。だからこそ、常にキャンセル防止についてスタッフ個々でもその対策を考えるように努めます。

10　私たちは、挨拶を重視します。それは挨拶がコミュニケーションの第一歩だということを知っているからです。患者様へは勿論のこと、スタッフ同士でも明るい笑顔できちんと挨拶や返事することを心がけます。

11　私たちは、いつ、どこでも、当院スタッフとして見られている可能性を十分理解しています。院内はもちろんのこと、日常生活での立ち居振る舞いや身だしなみにも最低限の配慮を心がけます。

12　私たちは、節度のある会話を楽しみます。患者様がいる時の大声や笑い声、スタッフ同士でのタメロは気持ちの良いものではありません。できる限り敬語で申し送りを行い、節度を守って会話を楽しみます。

13　私たちは、診療空間の雰囲気を大切にします。自らの不調（喜怒哀楽、体調不良）によって、患者様に対しては勿論のこと、同僚に対しても不快感を与えないことに十分注意を払います。

14　私たちは、人の嫌がることを進んで行います。何故なら誰かがやらなくては前に進まないことならば、自ら進んでやることの尊さを知っているからです。

15　私たちは、人の力を借りることの重要性を知っています。自分の判断に 100%自信がなければ、上司や同僚に気軽に意見を求め、より良い解決の道を見つけます。また、苦言や忠告をしてくれた場合には、その方へ敬意を払い、同じミスを二度と繰り返さないように努力します。

16　私たちは、オンオフの切り替えを大切にします。出勤時間にはゆとりを持ち、勤務時間前にはオンのスタンバイをします。また昼休みや診療終了後は特別な用がなければオフに切り替え、速やかに帰ります。

17　私たちは、常にコスト意識を高く持ちます。医院内の備品や消耗品は投資対効果を考えて、有効活用を行ないます。新規購入の場合も採算性を十分考えて、提案を行います。また、院内の物品に対していつも“私物”であるという意識を持ち、器械や器具類の取り扱いを丁寧にし、医療材料や事務用や一般のものなど、すべての消耗品類は無駄のない使い方を心がけます。

18　私たちは、お互い同志であることを知っています。上司（年長者）には敬意を払い、部下（年少者）には愛情を持って接しながら、共に協力していくことの価値を感じて行動します。

19　私たちは、先を考えて迅速に行動します。患者様に対して、次に何をしなければならないのかを予め推測することで、慌てずミスを未然に防ぎます。

20　私たちは、連帯責任で行動します。何故なら誰のミスであっても、患者様にとっては医院全体のミスだからです。他人のミスにも気を配れるような心の豊かさを持ちます。

21　私たちは、いつも初演のつもりで取り組みます。患者様お一人ごとに毎回が初舞台だということを意識しながら、丁寧で親切な応対を行います。

22　私たちは、全てのことに前向きな姿勢で取り組みます。患者様お一人ずつ毎回納得感を持っていただくためには、スタッフ皆で協力して常に前進することが大切だからです。

第2ステップで押さえておきたいこと

最初は多すぎないほうがいい

第2ステップで、クレドの原文が約8割できるイメージなのですが、いくつくらいをつくればいいと思いますか?

新規でつくる場合は、10~15個あれば、必要なものは網羅できるとわたしは考えます。

このように言うと、「先生のところは22個もあるじゃないですか。多ければ多いほど、いいのではないですか?」と言われるのですが、見せられる側としては、あまり多くてもつらいですよね。

次のステップでお伝えしますが、最終的に1つひとつ丁寧に説明して、コミットしてもらうことにもなるので、20個よりも15個のほうが受け入れてもらいやすいのではないでしょうか。

まずは15個ほどつくり、「クレド」がこの事業所に導入される空気感が定着すれば、あとで増やすのは難しくありません。多いほうがリーダーは満足するのかもしれませんが、クレドが受け入れられて、行動指針にみんながコミットすることを最初の目標にするのなら、少ないに越したことはありません。

小学校高学年などでも理解できる肯定文を意識しよう

これは慣れの問題かもしれませんが、第1ステップの「否定形」を肯定形に変換するコツも、よく質問されます。

現代は、とくに若い人たちはほめて伸ばしたほうがいい、という風潮があります。また、スタッフのバックグラウンドもさまざまなことを考えると、小学校高学年や中学生でも理解できそうな肯定文を意識すればいいのではないでしょうか。

つまり、あれをするな、これをするな、肯定形へ変換する際に、相手が小学校高学年や中学生ならどう表現するかを考えるのがコツです。

極端な話、「廊下を走るな！」ではなく、「廊下は歩きましょう」といったイメージです。クレドに触れたことがなかった人たちに教えるには、噛み砕いたほうが全員に浸透しやすいはずです。

自身にネガティブな感情が作動しないか確認しよう

ほかに意識したほうがいいのは、肯定的な表現でも受け取る側にネガティブな感情が作動することがあるので、少なくとも自分自身は冷静に感じ、ネガティブな感情を持たない表現にすることとです。

たとえば、「わたしたちは常に意識を高く持ちます」という言葉をネガティブにとらえる人は少なく、大半の人は「そうだよね」と思えますよね。

まずは自身のフィルターを通して、ネガティブな感情が作動しないか確認することをおすすめします。

項目のジャンルを気にせず、部下と共有したいことを優先しよう

なかには、「クレドにかならず入れたほうがいい項目は、何かありますか？」と質問する人もいます。

これは、全体のなかで医院なら対患者、対スタッフ、コスト面などのバランスをとったほうがいいのか、という主旨でしょう。

結論を言うと、項目のジャンルを気にするよりも、リーダーが部下やスタッフ全員に実践してほしいことを優先し、挙げていけばいいのではないでしょうか。

当院の場合は、収支バランスがとれているなかで利益を確実に上げつつ、スタッフが精神的に安定した状態を兼ね備えたいので、その優先順位に沿ったクレドを作成しました。

つまり、経営者として望ましく思える事業所にするため、部下と共有したい大切なことを優先しましょう。

すでにお伝えしたことと重複する部分もありますが、大切なことなので繰り返します。

組織には、親の考え方や育ってきた環境によって、さまざまな人が集まります。なかには、「勉強よりも大切なことがある」と教わってきた人もいるでしょう。

それは、もちろん誤った考えではありません。一生懸命勉強をしてきた人に対して、マイナスのスイッチが入る人もいるはずです。

ただ、勉強も大切という価値観がある環境に身を置いて、「勉強も大事なんだ」と感じたとすれば、そこからスタートすればいいのです。

偏差値にコンプレックスを持っている人も少なくないですが、それはあくまでも過去の評価であり、将来はどうなるかはわかりません。ただ、「勉強も大事」という概念を持っていなかっただけにすぎません。

極端なたとえですが、喫煙者にタバコを止めるように言っても聞かなかった人が、肺がんになってはじめて事の重大さに気づき、突然禁煙するケースをよく耳にします。

仕事で痛い思いをすることで、スイッチが入る人もいます。クレドにはそんな効果もあるので、リーダーは大切に思うことを、遠慮なくクレドに盛り込みましょう。

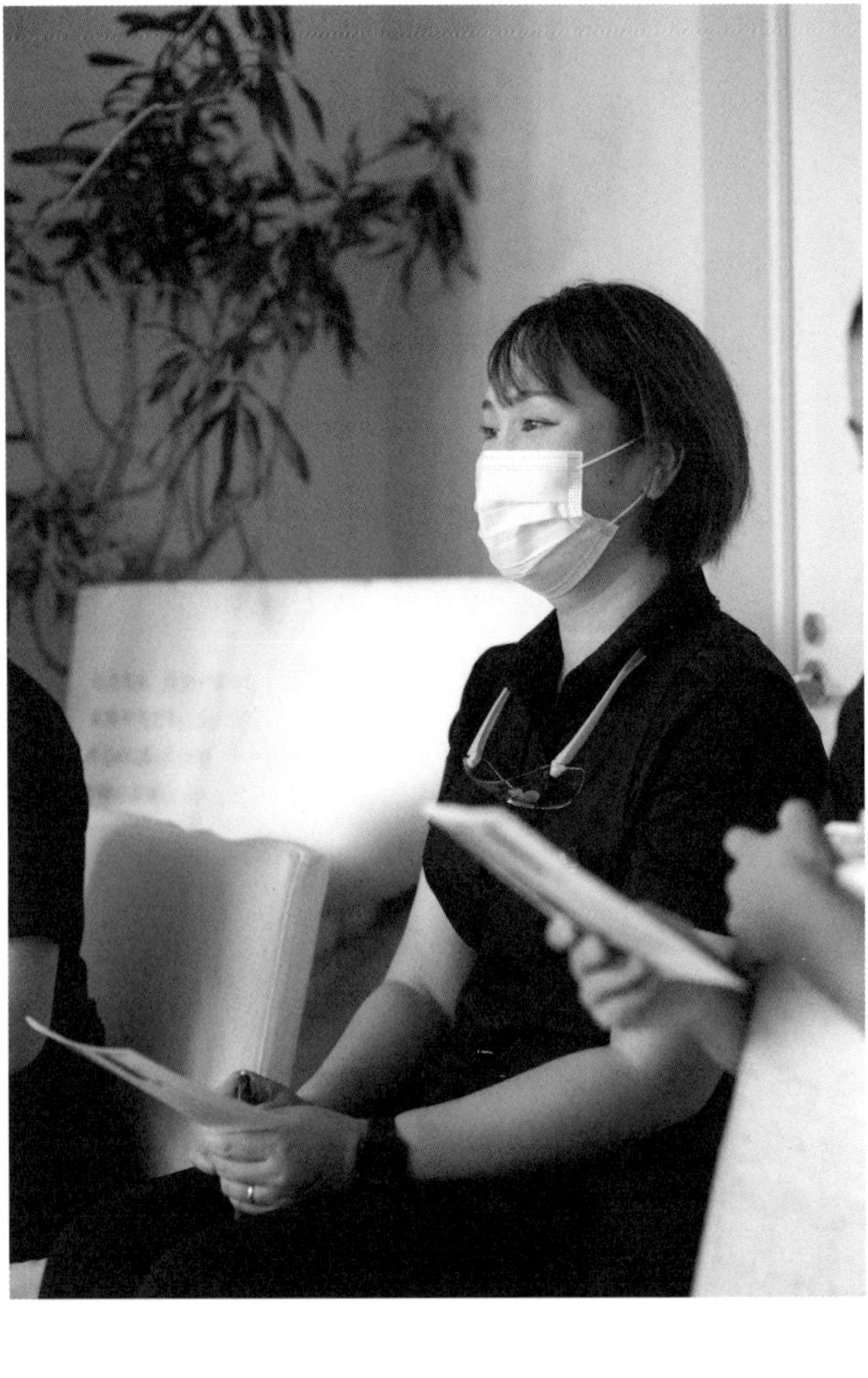

クレド作成　ステップ３

まずは既存スタッフへの浸透を優先しよう

クレド作成の３番目のステップは、スタッフへのアナウンスです。

クレドの作成に着手し、やっとの思いで完成したものをどのようにスタッフへアナウンスするか。これは、非常に重要なステップです。

わたしは、このスタッフへのアナウンスに対して、とても丁寧に、長い時間をかけました。

わたしがコンサルティングに入っているときも、ここから別メニューがスタートするほどです。

スタッフへのアナウンスは、まずリーダーからクレドの存在意義を丁寧に説明するところから始まります。

ここで大切なのは、スタッフのメリットを強調することです。つまり、何をすれば組織に貢献でき、何をすればよくないのかをスタッフ自身がわかることで、自分たちの不安がなくなることをしっかり伝えましょう。

リーダーからの指示が減り、スタッフもリーダーの顔色を窺うことなく自分の判断で動けるようになって、お互いの不安要素が減ることを強調するのです。

そして、クレドの内容をスタッフへ説明するのですが、これは全体への説明と個別に同意を求めることの2つに分かれます。

個別の説明に関しては、当院の場合最初の20項目を1つひとつ説明して、個々に同意を得るプロセスを踏みました。

このスタッフへのアナウンスは、かなり丁寧に、時間をかけて行うことが大切です。なぜなら、スタッフ全員がすべての項目にコミットすることではじめて効果を発揮するからです。

とくに採用の予定がある場合は、採用を行う前に既存のスタッフ全員に対して同意をとり、1つになっておくことが非常に大切です。

なぜなら、新たに採用するスタッフはこのクレドにコミットすることを前提としながら、先に勤めている先輩たちがクレドの存在を知らされていない、もしくは内容に同意していなければ、バランスがおかしくなるからです。

まずは既存スタッフに説明し、同意を得ることが非常に重要であり、そのあたりの順番を間違えないようにしましょう。

リーダーの言葉で書かれていることが大切

とくに小さな組織では、クレドが存在するケースはまだほとんど見られないため、もしかするとスタッフは戸惑うかもしれません。

でも、普段一緒に仕事をしているリーダーの言葉で書かれているので、スタッフにとってわかりやすいのではないでしょうか。

会社や組織における、難しい言葉で書かれた社是や社訓は、もちろんほとんどが素晴らしいものですが、「何か自分事に落とし込めないな…」と思われがちです。

一方で、クレドは「行動指針」であり、具体例も踏まえて書くものなので、平易な言葉で、誰にでもわかりやすいものにつくり上げれば、スタッフにとってより有意義なものになるのではないでしょうか。

第３ステップで押さえておきたいこと

クレドのアナウンスは、丁寧に、時間をかけて実施しよう

クレドの存在意義をスタッフへ伝えるには、まずクレドの概念や定義をしっかりと確認しておく必要があります。

わたしたちが事業主として、そしてプレイングマネージャーとして仕事をするために起業したのは、自分の強みを活かし、お客様に喜んでいただくためですよね。

つまり、クレドには自分のミッションが言葉として盛り込まれていなければいけません。

さらに、「理念」がビジョンとつながっている、といった言語化が本来は必要です。

でも、言語化されていない人がほとんどではないでしょうか？

現代は、ホームページやSNSに書かれている内容が、業者さんによってあたかもコピペされたようなものになっているケースが大半です。都内の歯医者も郊外の歯医者もほとんど変わらない内容で、「個性」が感じられません。

わたしが関わっている歯科衛生士向けのオンラインサロンでも、新人に対してどんな教育をすればいいのか、チーフクラスの人が苦悩している様子を目の当たりにしています。

いろいろ手を変え品を変え、試行錯誤しているのですが、そもそも院長はスタッフをどうしたいと思っているのかが、組織内に浸透していないのではないでしょうか。

リーダーは、しっかりと言語化してスタッフに浸透させる必要があります。

リーダーは、起業によって雇用創出をする立場でもあるので、プライドを持って取り組んでいることも伝えなければいけません。

伝えなければいけないことがたくさんあるので、クレドのアナウンスは、丁寧に、相応の時間をかけて行わなければならないのです。

ただ、世の中の開業医の人たちは基本的に「いい人」が多いので、部下との関係性のレベルが高く、クレドのような行動の指標になるものがあるだけで医院の雰囲気が変わるのに、それほど時間はかからないのかもしれません。

全体ミーティングと個別面談で全員にアナウンスする

クレドのアナウンス方法は、全体ミーティングと個別面談です。

クレドのようなものがあったほうがチームにメリットがあるよね、と全体に説明するには20〜30分もあれば十分でしょう。

一方で個別に伝える際、こちらが伝えたことに対する受け取り方は個人によって違いがあるので、人によっては15個すべて説明する必要もありますが、1つだけ念押しすれば済む人もいます。

個人個人にかける時間は均一でなくても、説明の「機会」は全員平等に設けることは、とくに最初の段階ではとても大切なことです。

なお、コミットしたかどうかの判断は、説明の最後に「問題はない？」「納得できないことはある？」と確認する形で行えばよく、署名捺印までもらう必要はないでしょう。

クレド周知の
アナウンス

①全体ミーティング
クレドがあるメリットを伝える

②個別面談
受け取り方に個人差があるため、
人によっては
すべて説明しなくてもいい

＜ポイント＞
時間は均一でなくても、
全員に説明の「機会」を設けること！

クレド全体を通じたポイント

つくり始めてから全員のコミットまで4～6か月ほど

クレド作成のまとめとして、これまでお伝えしきれなかったことをお話しします。

クレド作成に着手して、組織に浸透させるまで、どれくらい時間をかけるイメージを持てばいいと思いますか？

まず、つくり始めてからは1か月もかからないでしょう。

つくるまでが大変なのです。

つくり始めてから全員のコミットまでは、４～６か月ほどあれば確実でしょう。

４～６か月と言ったのは、最短で３か月＋１か月で計算しました。

いざクレドをつくろうと思ったとき、こちらの覚悟や「温め」の期間が必要です。

脳科学的に、新たな取り組みが定着するまでは、習慣化を含めて考えると３か月ほどかかるとわたしは考えています。

そもそもクレドは組織の軸になる極めて大切なものなので、じっくりとつくるべきです。

ただ、その人のなかに十分なリソースはあって、背中を押されればすぐに進んでいける人もいます。

そのような人なら、3か月もあれば完成し、頻繁に変えなければならない事態には陥りません。

でも、中途半端な覚悟でつくると、リリースしたのはいいものの、すぐに改訂が必要になってしまいます。

すぐに変えるのは控えるべきなので、3か月ほどの「充電期間」が必要なことも多いのです。

ほかには、最初は軽い気持ちでクレドをつくり始めても、ステップ1でお伝えしたような「深掘り」をして、その人にとって大切にしたいものを炙り出すことになります。

この深掘りは、その人の使命に結びついていくのですが、深掘りをしたことがなかった人は、脳に汗をかく「知的生産」をしなければなりません。

この考えが馴染むまでに3か月ほどかかるとすれば、完成までに4～5か月ほどかかるでしょう。

そうすると、アナウンスの1か月を加えて、リリースまで約6か月が必要になるのです。

３か月ほど「試用期間」を設定するのも有効

クレドを９月にリリースし、12月に変更を加えるのは早すぎる、と考える人もいるでしょう。

本来は変えなくていいレベルまで突き詰めてリリースできればいいのですが、自分自身がいいと思ったものをすぐにスタッフへ共有したいと思うのが人情です。

１つの方法として、３か月ほど「試用期間」を設定し、しばらく様子を見てはいかがでしょうか。

「みんなの意見を取り入れて、アレンジを加えてよりよくしたい」とスタッフへ前置きしておけばいい話です。

そのほうがスタッフは、「リーダーがつくったものは変えられない」と思わず、「創出時メンバー」として尊重されていると感じるため、モチベーションが高まるかもしれません。

そもそもクレドは、リーダーの思う通りにスタッフを動かすためのツールですが、スタッフにとっても動きやすくなるメリットがあります。

実際に導入したらいいものだったと感じれば、変更が加わるのはスタッフにとってもうれしいことのはずです。

良客が集まるようになるのも、クレドのメリット

わたしが直接聞いたわけではありませんが、当院がホームページに掲載しているクレドを見て、「あなたのところのクレドって、いいですね」と言ってくださった患者さんが数名います。

いいこともクレームも含めて、普段何らかのことを考えている患者さんはいるはずですが、あまり口に出して何かを言ってくれる人はほんの少数です。

不満を感じている患者さんは、口に出さず静かに消えていくことが多いのではないでしょうか。

そんななか、クレドをほめてくださった数人の患者さんには、感謝の気持ちがわいています。

「いいですね」の言葉の裏側にあるのは、わたしたちの取り組みや姿勢を潜在的な患者さんが見ることで、不安を小さくすることができているということです。

歯医者の仕事は、「美しくなりたい」といった「ｗａｎｔｓ系」のものではなく、苦痛から逃れるための「ｎｅｅｄｓ系」の仕事です。歯科医院に限らず、医療機関は積極的に行きたいところではありません。

もちろんわたしたちも、喜んでもらいたいのですが、多くの人たちが医療機関に対して

マイナスのイメージを持っていることでしょう。

とくにはじめての患者さんは、痛みに対する不安や治療に対する怖さを抱えているものです。

その不安や怖さ以上に、コミュニケーションでも「どうしてこんなに悪くなるまで放っておいたんですか？」と、親心で言っているにもかかわらず、叱り口調になってしまいがちです。

たしかに叱り口調でも許される部分がありますが、わたしが部下に求めているのは、ネガティブな言い回しをより少なくすることに重きを置いて、お客様に満足してもらうことです。

これは、この先もずっと変わることはないでしょう。

いくらクレドをホームページに載せても、絵に描いた餅で終わっては意味がありません。ホームページに書いてあることと実態がまったく違うことは、世の中にたくさん溢れています。

一方で、ホームページに書いた通りに経営者やスタッフが動いていると、そこに価値を感じてくださる良客が集まるのです。

これも、クレドをつくる大きなメリットの１つと言えます。

クレド
そのほかのポイント

①作成期間
「覚悟」ができている人：4か月
「温め」が必要な人：プラス2か月

②「試用期間」を設けるのもあり
3か月ほど様子を見て、変更を加える
形ならスタッフも受け入れやすい

<ポイント>

●クレドは「絵に描いた餅」ではダメ！

●ホームページなどで公開するなら、その通りに
みんなが動けば良客が集まる

第4章　適正人材採用の5ステップ

小規模事業所における採用のポイント

採用のポイントを押さえれば増収増益に直結する

本章では、わたしが15年前から取り組み、ブラッシュアップを重ねてきた「予防型人材獲得方法」をお伝えします。

この方法を活用すれば、お金をかけず、トラブルに発展することのない理想の人材に出会えるしくみがつくれるでしょう。

組織のミッションやビジョンに共感した、エンゲージメントの高いスタッフは、前向きかつ主体的に行動するので、経済的にも精神的にもリーダーのストレスが一切ありません。たとえば歯科医であれば、本分である診療に集中できて、患者さんの満足にもつながります。結果的に、売上アップや採用・教育コストを含めた固定費の削減によって、増収増益に直結するはずです。

「相対的評価」ではなく「絶対的評価」で選考しよう

開業医などの小規模事業所に勤務するスタッフの最大の使命は、何でしょうか？

患者さんを思うこと？　それとも、スタッフ同士の協力…。

もちろんそれらも大切ですが、もっとも大事な使命は、リーダーのパフォーマンスを最大限に発揮させることです。

一方でリーダーは、当然ながらスタッフを大切にしなければいけません。

でも、物事には順番があります。リーダーへの忠誠心を持ち、与えられた役割をきちんとこなすスタッフこそ、大切にされるべきではないでしょうか。

これが、小規模事業所における労使関係の原点であり、大前提でしょう。

わたしがこの「スタッフの最大の使命」を歯科医院などに従事する人たちへ向けたセミナーでお話しすると、ほとんどの人が納得します。

なお、ここでお話しする「適正人材」の定義は、決して医学知識や技術レベルが高い人ではなく、「こなしてほしい役割に相応しい人材」です。

そして、適正人材を採用するにあたってもっとも重要なことは、「相対的評価」ではなく「絶対的評価」で選考することです。

もちろん、絶対的評価で採用するのは現実的に簡単ではありませんが、できる限り妥協せず、出会えるまでさまざまな「やせ我慢」が必要でしょう。

人が不足しているとき、リーダーはもちろんスタッフも、「一刻も早く採用を！」と思うのは仕方ありません。でも、リーダーはそこでいかに「演じられるか」がポイントとなります。

ポイントをおさらいします。

小規模事業所に勤務するスタッフの最大の使命は、「リーダーのパフォーマンスを最大限に発揮させること」です。

そして、「適正人材」とは、学業の優秀が第一ではなく、「こなしてほしい役割に相応しい人材」です。

ここを忘れずに、採用活動を行いましょう。

学歴をあまり重視しないのも、1つのスタンス

採用で、学歴や出身校の偏差値などを重視するか、と聞かれることもありますが、一応参考にはしています。

ただ、どのレベルの高校に入ったのかは、本人よりも親、家庭の価値観なので、「いまは」参考程度です。

高校の偏差値だけで言えば、歯科衛生士などをカバーしてくれる存在として、受付部門を担うアシスタントの学歴を重視したことも以前はありました。

とくに受付部門は、社会人としてある程度のリテラシーや接遇態度など、総合的な部分を患者さんに見られると思ったので、学業的に若干レベルが高い人たちを採用していたのです。

なぜなら、院長の治療がいくら上手で、すべてにおいてよかったとしても、受付のスタッフの印象によって患者さんの評価が大きく変わるからです。

ですから、地域でトップクラスの高校を卒業し、国立大学を経てＯＬをしたものの、営業色の強い会社が合わないような、ほんわかして感じのいい、真面目な人を2～3年採用したことがありました。

ところが、彼女たちはあまり融通が利かず、マニュアル通りにミスなくこなすものの、臨機応変な対応が苦手だったのです。

担わせたい役割を考えれば、ある程度レベルの高い高校を卒業しているほうが好ましいのが本音ですが、現在は学歴をあまり重視しなくなっています。

歯科助手や歯科衛生士の人たちに関しても、口のなかを触れるライセンスがあるかないかの話なので、学歴よりも、患者さんとのコミュニケーションをどれだけ円滑にとれるかを重視しています。

治療の指揮者であるドクターがどんなことを考えて、何をしようと思っているかを汲み取り、患者さんへうまく橋渡しできる人。そのような基準も、1つのスタンスでしょう。

採用ステップ1／5　絶対に外せない！　書類選考

いきなり面接を行わず、書類選考を実施しよう

採用ステップの1番目は、書類選考です。まずは、かならず履歴書による「審査」をしましょう。

なぜなら多くの場合、応募者に会わなくても書面で「明らかに合わない人材」かどうかわかるからです。

ところが、書類選考もそこそこに、いきなり面接選考をするリーダーが多いようです。実際、求人媒体の募集案内で、次のようなメッセージを見かけます。

「電話でご連絡いただき、ご相談のうえ、面接日時を決めていただきます。当日には履歴書をお持ちになってお越しください」

わたしもこの段取りで採用を行ったことはありますが、面接当日に受け取った履歴書や職務経歴書などを見て、会うまでもなく不採用なのに、面談をしなければならない重苦し

さを感じていました。

それでは人生でもっとも大切な「時間」が、わたしたちはもちろん、応募者にとっても無駄になります。

求人媒体への記載例

「書類選考」があることを求人媒体で案内する際の一例として、次のメッセージを参考にしてください。

「まずは履歴書（写貼）をご郵送ください。書類選考の上、合格者には追って面接（二次選考）の日時をご連絡させていただきます」

そして履歴書が届いたら、手書きの文字の丁寧さと顔写真をチェックします。

証明写真としてのクオリティが及第点か、丁寧にトリミングしてきちんと貼っているか、といったことを確認するのです。

そのうえで内容に目を通し、面接してみたいと思える人材なら、連絡を入れて日時を決めましょう。

書類選考のメリットは、履歴書や職務経歴書（任意で同封されていることがある）などを見て、会うまでに尋ねることや話すことなどの準備ができることです。

「写真」や「志望動機」に注目しよう

時々、わたしが履歴書のどこに注目しているのか質問されることがあるので、あくまでも個人的な見解ですが、お話しします。

わたしの場合、写真をとても重視します。写真が応募するものとしてふさわしいものになっているかどうかを見れば、面接するに値するかがわかるからです。

そして、達筆でなくてもいいのですが、字が丁寧かどうかも見ています。

ユニークだと言われるのは、写真のトリミングや字の丁寧さがあるうえで、転職が多い人に興味を持つことです。

一般的に、転職が多ければアウト、と言われますが、履歴書がきちんとしている前提で、転職を繰り返している人に興味を持ってもおもしろいのではないでしょうか。

実際に、2～3年程度でコンスタントに転職している場合、本人なりの理由があるケースがあります。

もちろん、同じところで5～10年働く優等生と比べて、転職が多い人の大半は残念なケースが多く見られます。

でも、人によっては大切なものを守るために辞めざるをえなかった何らかの理由があったのかもしれません。そして面接に呼んでみた結果「当たり」だったこともありました。

履歴書はきちんとしているのに…という違和感に興味を持つのが、わたしの性質なのかもしれません。

ほかには、履歴書の右側のページにある「志望動機」もチェックします。

わたしの場合、どこの職場にも出せるような志望動機が書いてあったら、振り落とすようにしています。

現代はWebで情報をとることができるので、それを見ながら「自分はこんなところで貢献したい」というオリジナルのメッセージを書いている人は、有望視しています。

クレドをほめてくれる人もいますが、そんな人ならぜひ会いたくなりますね。

「会うだけ無駄だった…」を避けるために、不安を乗り越えよう

わたしは、10人いたら8人は書類選考で落としています。

書類選考でお断りする場合は、次のメッセージを書面に記して、履歴書を同封して郵送すればいいでしょう。

「このたびは、当院の人事募集にご応募いただき誠にありがとうございました。慎重に検討させていただいた結果、ご希望に添いかねる結果となりました。誠に失礼かと存じますが、書面でご通知申し上げ、合わせて履歴書を同封しお返しいたします。

今後のご活躍とご多幸をお祈りしております」

書類選考のステップを設けることで、従来よりも応募者が減る可能性はあります。

「書類選考なんて面倒なものを設けたら、応募者が減ってしまう…」ということで、最初から面接をするケースがとても多いのです。

でも、「会うだけ無駄だった…」ということも、経験していませんか？

実際に現実に直面すると不安を覚えるかも知れませんが、変革するには違和感と向き合うことは避けられません。

頑張って乗り越えましょう。

採用ステップ2／5　一次面接と事前アンケート

面接は二段階で実施する

2番目のステップは、「一次面接」です。

応募者とはじめて対面する面接は、履歴書の内容に基づいて応募の動機や前職の経験などを尋ねるのがオーソドックスな方法ですね。

すでに面接の手順が確立されている場合は、その手順で進めればいいでしょう。

なお、このステップを「一次面接」としているのは、のちほどお伝えするステップ４の「二次面接」があるからですが、応募要項にうたったり、本人にも伝えたりする必要はありません。

応募者がこちらをどこまで研究しているか見極めよう

わたしが一次面接でかならずする質問は、「ほかの歯医者さん、もしくは事業所と違う、と感じたポイントはありますか？」ということです。

「事業所」と言っているのは、アシスタントならほかの職種で働いたことがあり得るからです。

この質問で、当院のユニーク性に興味を持っていて、それを自分の言葉にできるかを見ています。

なぜなら、歯医者ならどこでもいいと思うのではなく、ほかと比べた違いを意識している人を採用したいからです。

子どもの頃から長く通う患者さんも多いことやスタッフには長く勤めてもらう前提で、当院のことをわかってもらわなければなりません。

そして、実際には入ってみないとわからない部分は多いのですが、どれくらい当院を研究し、関心を持って来ているかを最重視しているのです。

「面接直前アンケート」がおすすめ

1つおすすめするのが、「面接直前アンケート」です。

このアンケートによって得られる情報は、履歴書の筆跡との違いや、急な出来事に対する臨機応変性であり、応募者の人となりを窺い知るのに役立ちます。

履歴書や職務経歴書の書式は一般的なもので、かならずしも当方が知りたい情報が網羅されているわけではないので、そこを補完するのにも有効です。

とは言え、応募者は面接を控えてかなり緊張していても不思議ではないので、あまり難しくないことを書かせるようにしましょう。

当院における面接直前アンケートの質問項目は、次の通りです。

- 当院を望まれた動機（期待されるところ）を教えてください
- 応募にあたって優先された項目（下記から選択：複数選択可）
  立地（通勤の便利さ）
  勤務時間（拘束時間）

給与
診療方針
その他（　　　　　　　　　　　　）
・当院のホームページをご覧になられた方は、印象を教えてください
・その他（お聞きになりたいことがあればご記入ください）

このような記述式の問いをＡ４用紙にレイアウトして、プリントしておきます。

一次面接をパスしたら、「職場見学」へ

面接選考をパスしてもすぐに採用決定とはせず、ステップ３の「職場見学」へ進みましょう。本人には、次のように伝えておきます。

「面接後、数日検討させていただきます。お断りする場合には、書面で通知させていただきますが、前向きに進める場合は、一度診療見学にお越しいただいております。どんな雰囲気で診療が行われているか、どんなスタッフ（同僚となる人）がいるかなど、知っていただくことで就職後のイメージを掴めると思いますので、後日ご連絡差し上げます」

もっとも、リーダーの視点で適正人材と判断できる場合には、面接直後に「一度医院見

学にお越しいただきたいので、日程を相談させてください」と伝え、効率的に進めるのもおすすめです。

ちなみに、一次面接をクリアして次の職場見学に進めるのは4人中3人ほどです。最初の書類選考でしぼっている分、一次面接をクリアする割合は多くなっています。

採用ステップ3／5　職場見学とアンケート

職場見学中の態度や姿勢をスタッフにチェックしてもらう

採用ステップの3番目は、「職場見学」です。

稼働中の職場を応募者に見学させて、業務内容やスタッフの動きなどを見せておくことは、業務経験の有無や長短にかかわらず有意義なことです。

また、表立っては言えない要素ですが、医院であればスタッフは女性がほとんどなので、馴染めるかどうか、相性の悪そうな人がいないか、といったことも見過ごせません。

もし人間関係が理由で採用してからすぐ辞めるような事態になれば、双方にとって痛手だからです。

実際の見学は、未経験の人の場合、雰囲気をつかめればいいので、半日もあれば十分でしょう。

経験者の場合は、朝から終日見学してもらうのがおすすめです。業務を見学したり、スタッフの連携や各人の動きをチェックしたりするなど、自由に見てもらってもいいですし、余裕があればスタッフが説明してもいいでしょう。

見学中には、いい面・悪い面も含め、短時間の面接では知ることができなかった応募者の素性が垣間見られます。

見学中の姿勢で「ここでどれくらい働きたいと思っているか」が伝わってくることもあります。

専門職であれば、その専門分野に対する価値観や専門的知識、リーダーとの相性もはかっておきましょう。

「見学後アンケート」や質疑応答を実施する

見学が終わったら、「見学後アンケート」を記入してもらいましょう。

わたしが設けている質問項目は、次の通りです。

- 見学で得られたことは何ですか？　感想をお聞かせください
- 採用された場合、どんなふうにお客様に貢献できているか、教えてください

・その他（勤務にあたって、お聞きになりたいことがあればご記入ください）

記入してもらったあとに面談をしてもいいのですが、疲れているはずなので、どうしても伝えておきたいことや尋ねたいことに留めておくべきです。

もちろん、応募者からの質問にはしっかりと答えましょう。

各部署のチーフクラスのチェックを参考に、二次面接へ

応募者が帰ったあとは、各部署のチーフクラスから、見学中の態度や会話などから感じた応募者の印象を聴取します。

「一次面接」と併せて評価し、採用するのに相応しいと判断したら、ステップ4の「二次面接」へ進みましょう。

これを踏まえて、応募者が帰る際には次のように伝えておきます。

「このあと、スタッフの意見も参考にして採否を検討させていただきます。採用を前提に進める場合は、条件面の提示やご質問を受けるなど打ち合わせしたいので、もう一度お越しいただいております。

数日中にご連絡差し上げます。なお、お断りする場合には、書面で通知させていただきます」

不採用の場合は、次の通り前述の文章を少しアレンジすればいいでしょう。

「このたびは、当院の人事募集にご応募ならびに面接と医院見学でご足労いただき誠にありがとうございました。

慎重に検討させていただいた結果、ご希望に添いかねる結果となりました。誠に失礼かと存じますが、書面でご通知申し上げ、合わせて履歴書を同封しお返しいたします。

今後のご活躍とご多幸をお祈りしております」

ステップ３のポイントは、応募者の見学中の態度や表情を現スタッフにもチェックさせて、意見をもらうこと、「見学後アンケート」も併せて採用するに値する人材か判断することです。

「職場見学」のチェックポイント

この採用の５ステップにおいては、一次面接と職場見学をほぼワンセットで考えています。

わたしが重視しているのは、緊張感を維持できているかどうかです。

もちろん軍隊ではないので、ずっと「直立・気をつけ」の状態でいてほしいわけではありません。

「医療機関で働く女性スタッフとしてのホスピタリティ」が垣間見られるかどうかが、チェックポイントです。

たとえば、業務の邪魔にならない場所に立っているか、といった気遣いや、スタッフがどんな動きをするのか目で追っているか、といった姿勢を重視しています。

「見学後アンケート」には、「採用された場合、どんなふうにお客様に貢献できているか、教えてください」という項目があります。

いい加減に見学している人は、あまりきちんと書けないでしょうから、そこでもチェックが可能です。

小さな事業所では、業種・業態を問わず、自分で考えることができる人間がほしいと思うのではないでしょうか。

フレキシブルに動ける賢さは、学歴だけでは測れませんよね。

採用ステップ4／5　二次面接と「釘さし」

二次面接は採用を前提とした面接

4番目は「二次面接」であり、「一次面接」と「職場見学」を終え、採用を前提とした面談です。

３回目の顔合わせともなれば、お互いに緊張もほぐれて、応募者の「人となり」も滲み出ています。

わたしたちは「採用したい」、応募者は「働きたい！」という相思相愛の関係性が強いほど、いい雰囲気でお話しできるでしょう。

長く勤めてくれるスタッフを採用することが前提なら、ここで妥協しないことが大切です（「絶対的評価」での採用）。

わたしの場合、「その人材を家族の一員とする『家長』としての覚悟」を自己コミットができるかどうか、問うようにしています。

そのためにも大切なのは、「院長として大切にしていること」や「医院のスタンス（ミッション、ビジョン、バリュー）」といった言語化したものをしっかり伝えて、「釘をさす」ことです。

主従の関係ながら「同志の契り」を交わす前の最後の関門なので、態度や表情を厳しくチェックします。

ただし、採用に値する人材と判断している人なので、前向きな姿勢で気持ちよく臨んでくれることがほとんどです。

クレドにコミットしてもらうことが最重要

当院の場合は、「医院見学」を終えたあとに「釘さし」として、次の点をお伝えしています。

「ホームページに当院のスタンスをうたっているので、改めてよく見ておいてください。最終的に当院のスタッフとしてお迎えできる条件として、とくに『クレド』というスタッフの行動指針すべての項目を自分のものとして受け入れられるかどうかが大事なので、しっかり読んでおいてくださいね」

ここでのポイントは、第3章でお伝えした「クレド」の各項目に対するコミットをしてもらうことです。

「釘さし」で「話が違う」を避ける

新天地に期待をして働きはじめたあとに、「そんなことは聞いていなかった、話が違う」となってしまうのは、よくある話です。

これは、何か誤ったことをした際に注意されたとき、感情が作動して起こりがちなことです。

つまり、本当は間違えた本人が悪いにもかかわらず「わたしにだけ当たりが強い」という気持ちになって、「わたしのことが嫌いなんだ」「あの人のほうがリーダーのお気に入りだから、同じことをしても叱られないんだ」と勘違いをしてしまいます。

そうならないように、再発防止策も含めて反省や改善を促す際は、「クレドのここに書いてあるよね」と、社会人として冷静に注意しましょう。

そのためには、「採用する前に、クレドすべてにコミットしたよね」という事実が必要です。

もちろん叱られれば不快な感情は作動しますが、少なくともリーダーが気分だけで叱っているのではない、という状況があるのは、とても重要なことではないでしょうか。

「釘さし」としてクレドの存在を知ってもらい、本人がコミットしたうえで採用するプロセスは、極めて大切なのです。

ここまでご覧になっておわかりの通り、二次面接まで来る人は「ほぼ内定」です。

その段階で、クレドを読んでくるように伝えるのですが、以前は全22項目を読み上げて、1つひとつ「コミットできますか？」と尋ねていました。

わたしの医院に入るには、クレドの22項目をフルコミットした状態である必要があり、そこではじめて労働契約書を出す、というほど大きなものです。

二次面接のポイントを整理すると、応募者の希望や不安など、些細なことでも聴く耳を持つことと、採用にあたって伝えるべき大切なことをしっかり伝えることです。

採用ステップ5／5　労働契約

労働契約は、粛々と

採用ステップ最後の5番目は、労働契約です。

採用の手続としてはとても大切なものですが、すでに確立された進め方があれば、このパートは読み飛ばして結構です。

当院の場合、労働条件通知書や誓約書など、就職時に必要な書類を伝えたり、ステップ4での「釘さし」を再度、軽くお話ししています。

なお、「試用期間」を設けるときは、労働に関わるルールに従って、初出勤日から暦日で14日間を遵守しましょう（休診日も含めた14日間）。

その14日間での退職願や解雇はお互いの権利であることを申し伝え、共有してください。

また、当院では2～3か月間の「研修期間」を設けています。経験者は2か月、歯科医院勤務未経験者は3か月間です。

その間は「職務手当」を減額して支給することを伝えています。

「研修期間」は経験度合いを考慮しつつ、リーダーの一存で定めましょう。

適正人材採用の5ステップ

<ポイント>

「相対的評価」ではなく「絶対的評価」で選考する

採用ステップ1／5：書類選考

●会うまでもない人材との面談に時間を使う必要はない

採用ステップ2／5：一次面接

●「面接直前アンケート」がおすすめ
●採用決定は医院見学後

採用ステップ3／5：職場見学

●見学中の態度や表情をスタッフにもチェックさせる
●「見学後アンケート」も併せて、採用するか判断

採用ステップ4／5：二次面接

●「クレド」の存在を知らせ、「釘さし」をする

採用ステップ5／5：労働契約

●「試用期間」は初出勤日から暦日で14日間を遵守
●「研修期間」は経験度合いを考慮し、リーダーの一存で

採用の5ステップ　まとめ

リーダーのパフォーマンスを最大化する適正人材を採用しよう

適正人材採用の5ステップをお話ししましたが、いかがでしょうか?

この5ステップを踏むことで、応募者の本気度（「こっち向き」度）がわかります。

かなり面倒なプロセスかもしれませんが、合わない人材を採用して、すぐ辞めるならまだしも、「火種」となるようなら、それこそ面倒すぎることになります。

大切なことなので繰り返しますが、適正人材とは「リーダーのパフォーマンスを最大限に発揮させてくれる人」です。

適正人材を採用するには、職場に興味を持たせ、好きになってもらい、「ここで働きたい!」と思わせたうえで、そんな人をわたしたちが認める必要があります。

そして労使関係がスタートすれば、上司と部下の関係で、経営者にアドバンテージがあるので、採用前には「頭は下げない」ことが大切です。

なぜなら、語弊があるかもしれませんが、わたしたちは「雇う」立場だからです。もちろん、労働者を保護するルールは、絶対に守らなければいけませんが。

採用で妥協しないリーダーとしての意志と覚悟が求められる

医院などの小規模事業所の経営にはお客様の存在は不可欠ですが、一方でお客様に貢献するスタッフとの付き合いのほうが、長く深いものです。

ですから、「アットホーム」な関係になり得る人材を採用できるよう、お互いに頑張りましょう。大切なのは、かならず絶対的評価で採否を決めることです。

「複数名応募があったなかでは、一番いい人材」

「過去に勤めた人と比べて遜色ない」

といった相対的評価では、適正人材に出会える可能性が低くなり、理想のチームをつくれません。

人が採れない状態だからと言って、相対的評価で採用するくらいなら、現有勢力で乗り切れる診療にペースダウンするのも1つの方法でしょう。

「一刻も早く埋めたいけれども、相応しい人材でなければ、かえって君たちに迷惑をかけることになるから採らない！」というリーダーとしての意志と覚悟が必要です。

スタッフは、顕在不安である「人手不足」がもっとも嫌なのではなく、「本当にわたしたちのことを大事に考えてくれているのか？」という潜在不安に配慮したリーダーシップを意識しましょう。

第5章

「女性部下中心のスモールビジネス」を回すために大切なこと

「学歴差」から来るギャップを受け入れる

リーダーとスタッフの「普通」が違って当然

女性中心のスモールビジネスでは、リーダーが思っている以上に、経営者とスタッフの意識が乖離しているものです。

本書をご覧の方、とくにクリニックを運営している医師が思っている「普通はこうだよね?」という基準がスタッフには通用しません。

医師になる人たちは、もともと勉強ができる人だったうえに、相応の努力をしてきたはずです。

もちろん勉学に励んでいたことを自慢はしないまでも、そんな実績がある事実を伝えることを偉そうに感じる多数派は存在します。

スタッフには、そのような面があることを知っておかなければいけません。

つまり「普通に考えたらこうなんだけれども、わからない?」という「わからない」が、わたしたちにはわからないのです。

わかってもらえないことを前提に伝えたほうが、間違いないでしょう。

対峙せず、ときには俯瞰する立場で考えよう

わたしのドクター向けのコンサルティングや、オンラインでのグループコンサル、セミナーでは、「就職する時点でのスタッフの仕事に対する意識は、自分たちが期待しているレベルではないから、あまり期待してはいけない」という話をします。

もちろん、医師のような高度な勉強をしていないため、わからないことがあっても当然です。でも、あまり堂々と「わからない」と言われても困りますよね。

わからなければ、わかる努力をしてほしい。

これは、どの業界にもある話ではないでしょうか。

そうは言っても、どうにかしなければいけません。すでにお伝えした通り、対峙せず、俯瞰する立場で考えることをおすすめします。極論ですが、ときには「そういう人たちなんだ」という考え方も必要です。

スモールビジネスに必要な人材

フレキシブルに動ける人材が必要

業種・業態を問わず、小規模な事業所で必要なのは、どのような人材でしょうか？

わたしは、「自分で考えることができて、フレキシブルに動ける人間」と考えます。

フレキシブルに動ける賢さは、「勉強ができる・できない」とはまったく別の話であり、臨機応変さが求められる仕事では、たとえ学生時代に勉強ができなくても素養があれば培われていくものです。第4章でお伝えした当院の職場見学でチェックしているのは、まさにそんな素養なのかもしれません。

現代は本当に時代が変わり、リーダーが求める正解を出してくれる人よりも、本人が一生懸命に取り組むなかで、「この人をこう活かせばもっと貢献してくれる」といったところを表現してくれる人が必要です。

そして、いざ仕事を与えてみると、その人のなかにパラダイムシフトが起こり、自信をつけるきっかけとなります。

学歴と「賢さ」は別物

当院のＩｎｓｔａｇｒａｍを２０２１年11月から担当している歯科助手のスタッフに、最近Ｉｎｓｔａｇｒａｍの有料講座を受講してもらいました。

インサイト分析も含めて、ビジネスＩｎｓｔａｇｒａｍのノウハウを本格的に勉強させたのです。

彼女を担当に抜擢したきっかけは、３人いる子どもをインスタに載せたことがある、と言っていたことです。

わたしは「じゃあ、やってみる？」とやや軽い気持ちで指名したのですが、実際に投稿してもらうと、とてもセンスが光っていました。

本人曰く、「わたしはこのあたりで下から数えたほうが早い高校の出身で、頭が悪い」「わたしは頭が悪いので、院長が言うことがわかりません」と、いつも口癖のように言っている人だったのです。

でも、彼女は器用でとても賢いので、わたしは「いや、あなたみたいな人を『賢い』と言うんだよ」と伝えていました。

実際、「この患者さんにはこうしたほうがいい」「院長、あの人はいま話を聞ける状況じゃないから、そのセリフはあとで言ってください」と、本質を突いたことを言ってきます。

その彼女が投稿したＩｎｓｔａｇｒａｍを見て来院した患者さんが数名います。医院の集客に貢献してくれているわけです。

時間をかけて、地頭のいい人を育てよう

歯科医の助手は、通常ドクターや歯科衛生士などのライセンスを持っていなくてもでき

る「その他すべて」を受け持ちます。

言わば、「雑用」が仕事と言っても過言ではありません。

わたしたちがライセンス持ちしかできない仕事に集中するために、まわりのことすべてを受け持ってくれているのが受付やアシスタントの人たちなので、もちろん感謝しています。

さらに、

「あなたたちも含めた『総合力』で、患者さんに貢献しているんだよ」

という話を普段からしています。

これは業界を問わず、当然のことでしょう。でも、ライセンスを持っていないコンプレックスは消えないものです。

そんな勉強をしてこなかったコンプレックスがありながら、

「わたしなんかのインスタで、直接患者さんが来た。わたしも役に立てているんだな」

と思えたのは、彼女にとって大きな自信になったはずです。

もともと彼女は手先も動きも器用なので、地頭がいいはずです。

そんな素養を持った人にこそ、時間をかけて気づかせてあげればいいのではないでしょうか。

自分の素養に気づき前向きになった人は強い

時代が変わっても、団塊の世代のおじいちゃんおばあちゃんのお金をあてにした教育ビジネスは廃れることがありません。

少子化だから、なおさら１人の子に年配者がお財布から塾代を突っ込んでいる状況が見られます。

いい大学に行ったところで、大きく変わるわけではない時代になっているのにもかかわらず、です。

でも、それではこれからの時代を生きていけません。むしろ、答えのないものを探す力を発揮して生きられたほうが、おもしろいのではないでしょうか。

10年前のわたしのように、できなかった自分を否定し続けるのではなく、持っている素養に気づき、前向きになったときの人の強さは半端なものではありません。

Ｉｎｓｔａｇｒａｍの講座は21時から１時間半、時間外なのですが、彼女は「これってタイムカードに書いていいんですか？」とは言いません。言わないから、むしろ手当をつけたくなります。

スモールビジネスの小さな事業所に必要な人材は、彼女のように考えることができて、その事業とうまく関わってくれる人です。

スモールビジネスに必要な人材

勉強ができる	：×
自分で考えられる フレキシブルに動ける	：◎

→
●学歴と「賢さ」は別物
●学んでこなくても、
自分の素養に気づいた人は化ける！

地頭のいい人を見つけ、
時間をかけて育てよう！

組織のメンバーの価値観を認め合う

「アイデンティティ」「価値観」をお互いに認め合おう

同じ組織で仕事をするには、お互いが認め合うことが不可欠です。

ただ、それぞれに価値観が異なることも当然なので、ときに溝ができることも考えられます。

リーダーとして、どうすれば認め合う組織がつくれるでしょうか。

「ニューロロジカルレベル」という言葉を聞いたことはありますか？

これは、「NLP（神経言語プログラミング）」という心理療法のもとになっている理論の1つであり、人間の意識構造を次の6段階であらわしたものです。

①スピリチュアル…自分以外の大きな存在（あり方）
②アイデンティティ…自分自身のミッション（使命・役割）
③信念・価値観…自分が大切にしている考え方（動機・許可）
④能力…自分の能力や知識・経験（戦略・計画）
⑤行動…自分の選択（行動・反応）

⑥環境…場所・周囲の人（機会・制約）

詳細は割愛しますが、①〜③はそうそう簡単に変えることができないので、お互いに尊重すべき部分です。

そして、外からの働きかけによって変えやすいのが、④〜⑥です。

ですから、もし指導をするなら、この能力、行動、環境にフォーカスしたほうがいいでしょう。

第3章でお伝えしたクレドに完全にコミットして入ってきた人は、仕事だけの関係ですが、少なくともリーダーがその人の持つアイデンティティや価値観そのものを認めた状態と言えます。

もちろん、部下たちそれぞれ考え方の違いがあっても、現在その組織にいるということは、人格や価値観そのものを認められた状況なのです。

つまり、スタッフのAさん、Bさん、Cさんがいるとして、AさんとBさん、BさんとCさんは違うかもしれないけれど、この職場においてはAさんとリーダー、Bさんとリーダー、Cさんとリーダーとの間には関係性が確立されていることになります。

そんな共通点がスタッフ全員にあり、そこは認め合おう、と伝えるのは、スタッフ同士が認め合うために有効なのではないでしょうか。

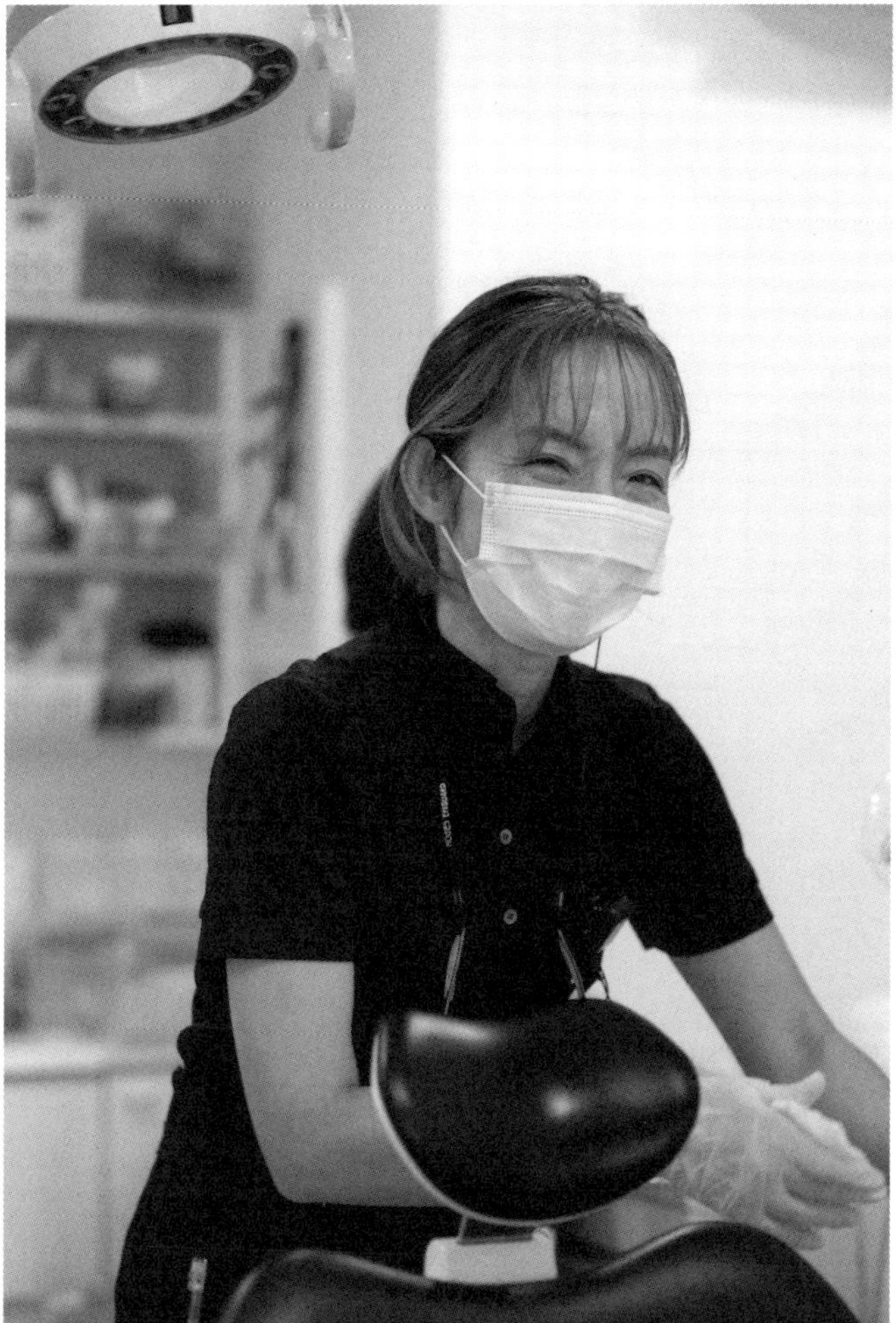

女性スタッフ同士の関係性を保つために

一緒に仕事をするメンバーとして協力し合うようコミットさせる

複数の女性部下を持つリーダーは、部下同士の関係性を保つことに苦心することも多いのではないでしょうか。

わたしの例を、1つの参考にしていただけると幸いです。

わたしが開業したときは、部下2人でスタートしたのですが、2人には「仲良くしなくてもいい」と言ったのです。

そして、次のように伝えました。

「あなたたちは、あくまでもここで仕事をするために、このタイミングで出会いました。仕事を一緒にしながら長くお付き合いをした結果、将来的に公私ともどもいい関係になるように。

もし親友という関係になるのなら、それは素敵なことです。でも、何のためにここへ来るかと言えば、当院で与えられた役割を担ってもらうことなので、それを踏まえた協力はしてほしい。

だから、プライベートに入り込んで仲良くせず、かならず一定の距離感でお付き合いをしてほしい。それが社会人だと思うよ」

と伝えました。

　女性に多いパターンは、仲良くなったと思っていたら、ある日を境に仲違いし、口も利かなくなってまわりが迷惑することです。学生時代のクラスメイトで、そんな経験をした人も多いでしょう。

　もし間に入ろうものなら、「先生はどっちの味方ですか？」と面倒なことに巻き込まれ、足を引っ張られてしまいます。

　わたしは、絶対に取り合わず、そもそもそんなことは絶対に許しません。どちらが悪い云々ではなく、空気を壊すこと自体が営業妨害でしかないので、そんな人はいらない、と採用の段階で釘さしをしています。

　当院に勤めるスタッフは全員、そのステップを踏んでいるのです。とした歯科医院に来院する患者さんたちへ価値提供するチームメンバーとして、協力をしてほしいと伝えているのであり、個人的に仲良くするようには伝えていません。

　もちろん仲良くしてくれる分にはいいのですが、何かがあってまわりに迷惑をかけることになった場合は、双方ともに処分することにしています。

女性スタッフ間の人間関係を保つ

女性に多いパターン

●「仲良し」からある日突然「仲違い」
●仲裁に入ると「どっちの味方ですか?」

↓

男性リーダーは、
× 絶対に取り合ってはダメ!
× そんなことを許してはダメ!

まわりへの迷惑になるので、
喧嘩両成敗
→ 採用の段階で「釘さし」を
しておこう!

質問はいったん預かり、即答しない

一度文をつくって反芻し、不安や危険要素が少ない表現にアレンジする

少々「箸休め」のような話になりますが、わたしが女性部下と「安心安全な環境」を維持するために、注意していることがあります。

それは、何かしらの質問や提案、要望などが発せられたとしても、簡単な「ＹＥＳ／ＮＯ」で答えられるもの以外は、いったん「預かって」即答しないようにしていることです。

最近は「男女差」を語るのが憚《はばか》られますが、女性は男性に比べて感情で受け止める傾向が強いので、こんなとき男性は、しっかり心を整えてから、語気や表情などに気を遣って回答したほうが「身のため」です。

すぐに返せる状況でも、一度文をつくって「反芻」し、不安や危険要素が少ない表現にアレンジして口にする必要があります。

具体的には、「すぐに答えがほしい？」「どうしてそんな疑問がわいたの？」というふうに質問に質問で返して時間を稼ぎ、こちらのザワザワとした感情を抑えるのです。

わたしはこれを実践することで、相手のアイデンティティや価値観を傷つけることのな

いコミュニケーションができるようになりました。

ただ、決して100%実践できているわけではありません。甘えても許してくれる？

一部の幹部スタッフには、堪えてもらっていることも多いかもしれません…。

問題のあるスタッフとは徹底的に話し合う

問題のあるスタッフとの対話はクレーマー対策を参考に

問題のあるスタッフを入れないために、クレドの作成とクレドにフルコミットさせる採用ステップをすでにお伝えしましたが、それでも問題のあるスタッフが出てくる確率はゼロではありません。

その場合の対策は、とにかく話し合うことです。

結局のところ、問題のあるスタッフはクレーマーの要素を持っています。クレーマー対策は、消費者のクレーマーも一緒なのですが、徹底的に感情の部分を出させることです。

たとえば治療がうまくいっていない、思ったのと違う、これでこんなにお金をとるのか、と怒っている消費者へ、「お客様、まずは冷静に…」と伝えると、火に油を注いでしまいます。

「わかりました」と徹底的に話を聞くのです。

怒っている状態でしてくる「これってどういうこと？」といった質問には答えず、「そういうことなんですね」というふうに、とにかく徹底的に出させましょう。

最後の最後、本当に出しきったときには、「もうよろしいですか？」と聞くくらいの感じで、完全に出させるのです。

そこまで出しきったときには、言いたいことを言えたという状態になるので、感情は収まっているはずです。

そうなれば、客観的に、冷静に話を進めていきましょう。そうすると、いろいろなことが見えてきます。

「聞いてくれた」と思わせることが大切

そもそも怒りは「第二感情」と言われています。つまり、怒りよりも先に生じている感情があるということです。

第一感情は、不安や恐怖であり、生存本能を脅かされる「何か」があるために怒るのです。

怒っている理由は本人もわからないので、わたしたち話を聞く側は、この人は何に対して恐れを抱いているのか、アンテナを張っておきます。

たとえば、「過去に同じようなことで嫌な思いをされたのですか？」といった話をすると、恐れに相当する感情を思い出すので、「そう言えばこんなことがあった」「こんなとき、こんなふうにしてくれたらよかったのに」と答えを出してくれます。

辞めさせたい人が怒っているとは限りませんが、状況を見て、

「調子はどう？」

「今後の話をしようか」

「困っていることはある？」

「ここの話は外部に漏れないから、何でも言ってね」

と投げかければ、「聞いてくれた」という気持ちは残ります。

「わたしは寂しかったんだ、悲しかったんだ、つらかったんだ。それをとりあえずリーダーに聞いてもらった」と思ってもらうことで、まずは第一段階をクリアできるのです。

仕事で評価されていない事実と感情がつながっていたものが、その時点で分離されるわけです。

結局のところ、女性は問題解決をする必要はありません。

「わたしがこんなにつらい思いをしていた」という気持ちを聞いてくれたと思わせることで、ある程度は納得するでしょう。

もちろん、その先の問題解決は準備しておく必要がありますが。

しあわせなリーダーになろう

リーダーは先に与えることで精神的な報酬を得られる

本書でお伝えしてきたのは、医院などの女性部下が多いスモールビジネスで部下とのいい関係をつくること、そして採用に関していい人が来なければ採用しない覚悟を持つことの大切さです。

その過程でリーダーが我慢できれば、得られるものは極めて大きいでしょう。

たとえば、育てれば自分仕様になる素養を持ったスタッフとの出会いがあり、その人たちは会社の理念や提供したいものに共感してくれて、思い通りの働きをしてくれます。

そのために必要なのがクレドと、クレドにコミットしたスタッフのみを採る採用ステップです。

クレドにコミットしたスタッフたちといい関係性を構築できれば、その人たちにとってこれ以上の職場がないので、辞める理由がなくなります。

そうすると、新規採用の労力やコストが減り、リーダーのメンタルが整うでしょう。さらに、長くいるスタッフたちがカスタマイズするサービスを提供すれば、お客様の安心感が増して、リーダーのサービスに部下たちが付加価値を提供してくれます。

お客様もこの付加価値を感じ、「あそこは対応がハートフルでいい」とよそへ行けなくなり、次に自分の大切な人を紹介してくれます。

紹介を生み出してくれれば、新規集客に関する労力やコストも削減できるでしょう。

このように、クレドは人材獲得や維持、顧客獲得すべてにつながります。

つまり、時間とコストという労力が省力化され、自分たちの大切な身体も心も健康が得られ、メンタルやエネルギーを奪われません。

大切なのは、部下も消費者もしあわせにするためにわたしたちリーダーが満たされることです。

わたしたちが満たされるには、経営者が部下や消費者へ先に与えなければいけません。

与えた結果、わたしたちは精神的なものも含めた報酬を得られます。

そうなると、いろいろな意味で満たされるので、人に優しくできるはずです。

こんな好循環が生まれることができれば、本当に素敵なことではないでしょうか。

リーダー自身がしあわせでなければ、人に「真の優しさ」を提供できません。

ぜひ、しあわせなリーダーになりましょう。

おわりに

最後までお読みいただき、ありがとうございました。

本書の大前提は、最後の項でお伝えしたように、「リーダー（経営者）のしあわせ」です。日本人の多くは、「家庭がしあわせならお金がなくてもいい」もしくは、「ビジネスが成功するなら、プライベートに影響があっても仕方ない」と、どちらか一方しか追えないものと言い聞かせているのではないでしょうか。

実際のところ、ビジネスは成功しているけれども家庭がバラバラ、という経営者も少なくありません。

でも、成功できるならしあわせを捨てる、しあわせになれるのならお金を捨てる、どちらかしかない、と考えるのは誤りです。しあわせとビジネスの成功は、かならず両立できます。

もっとも、ビジネスの成功は「お金」で測れるかも知れませんが、一方でしあわせはなかなか測れません。

ですから、「しあわせ」の状態をキープすることは、ビジネスの成功をキープすること以上に難しいのです。

わたしも含めて心ある経営者には、ビジネスで成功してプライベートもしあわせになってほしいと思っています。

そのために、60歳になっても70歳になっても過去に起きたことは忘れ、将来に夢を持って生きる姿を見せることで未来のリーダーの背中を押していくつもりです。

リーダーを務めるくらいの気概のある人にとっての助言になれば幸いです。

しあわせな経営者が増えて、しあわせな従業員が増えて、そんなしあわせが広がっていけば、よりよい日本、よりよい世界になっていくのではないでしょうか。

本書がよりよい世界を創るひとつのきっかけになれば、これほどうれしいことはありません。

2023年11月15日

年名　淳

著者略歴

年名　淳（としな　じゅん）

としな歯科医院　院長（大阪府泉大津市）
クリニックの人材育成コンサルタント
歯科衛生士のためのオンラインコミュニティ主宰
1963年生まれ。1988年朝日大学歯学部卒業後、埼玉医科大学附属病院（口腔外科）、一般の歯科医院勤務を経て、1998年にとしな歯科医院を開設。歯科衛生士が担当制で患者をサポートする、予防メインテナンス型診療をベースにした歯科医療サービスを展開している。
開業当初からスタッフの育成や指揮に悩み、“本業の足を引っ張られる”想いから、試行錯誤の末に「クレド（行動指針）」を策定。それをベースにした緻密な採用手順や女性の心理に寄り添うコミュニケーションを模索しながら、院内トラブルゼロやスタッフが辞めないクリニック経営を実現。その実績を活かし、小規模歯科医院や歯科衛生士向けセミナーなどに多数登壇、親身に耳を傾ける相談スタイルが絶大な支持を得ている。
著書に『なぜあの歯科医院は歯科衛生士が長く働き続けているのか』（デンタルダイヤモンド社）がある。

企画・編集協力　星野友絵・牧内大助（silas consulting）

辞めない　揉めない　理念が根づく
「クリニック人材育成」の教科書

2023年11月15日　初版発行

著　者　年名　淳　© Jun Toshina

発行人　森　　忠順

発行所　株式会社 セルバ出版
〒113-0034
東京都文京区湯島1丁目12番6号 高関ビル5B
☎ 03（5812）1178　　FAX 03（5812）1188
https://seluba.co.jp/

発　売　株式会社 三省堂書店／創英社
〒101-0051
東京都千代田区神田神保町1丁目1番地
☎ 03（3291）2295　　FAX 03（3292）7687

印刷・製本　株式会社 丸井工文社

Printed in JAPAN
ISBN978-4-86367-857-6